# Was wir so sagen

Petrus Ceelen

# Was wir so sagen

Mit Zeichnungen
von Gerhard Oschatz

Schwabenverlag

Für Tante Ruth



Umschlaggestaltung: Klaus Dempel, Stuttgart
Layout: Wolfgang Sailer
Satz: Schwabenverlag AG, Ostfildern
Herstellung: Druckhaus Beltz, Hemsbach
Printed in Germany

ISBN 3-7966-0797-7

# Inhalt

# Guten Morgen

Langsam werde ich wach. Welcher Tag ist heute? Ach ja! Ich drehe mich noch einmal um. Habe keine Lust aufzustehen. Mein Gott, da war doch was, heute nacht! Na ja, es war ja nur ein Traum. Oder? Es ist gut, daß manches im Dunkel bleibt und nicht alles ans Tageslicht kommt. Langsam stehe ich auf, und auch noch mit dem linken Fuß. Das fängt ja gut an!

Ich schaue nach draußen. Der Himmel ist bewölkt. Nun denn, die Sonne kann auch nicht jeden Tag scheinen. Trotzdem: Das Wetter ist auch nicht mehr das, was es einmal war.

Ich mache das Radio an. Mit Musik geht alles besser, sagt eine freundliche Stimme zwischen zwei Liedern. Der Mann plaudert so aufgeweckt, daß ich mich frage: Wie macht er das, so früh am Morgen? Munter verkündet er: Morgenstund' hat Gold im Mund, während ich meine Brücke aus dem Mund nehme.

Wie ich dann beim Rasieren bin, höre ich: Guten Morgen, liebe Sorgen, seid ihr auch schon alle da? Habt ihr auch so gut geschlafen, na, dann ist ja alles klar! Keine Sorge. Die lieben Sorgen sind schon lange da, bevor ich morgens aufstehe. Ich nehme sie abends mit ins Bett und schlafe mit ihnen ein. Aber manchmal lassen meine Sorgen mich nicht in Ruhe und wollen, daß ich mich auch noch nachts um sie kümmere. Nein, um die lieben Sorgen braucht sich niemand zu sorgen, sie sind bestens versorgt.

Na dann ist ja alles klar! wiederholt der Mann im Studio, der so schön sorgenfrei klingt. Dann kündigt er die Morgenandacht an. O Gott, Herr Pfarrer! Sie reden so, als ob sie auf der Kanzel stünden. Dabei sitze ich nicht auf einer Kirchenbank, sondern am Frühstückstisch.

Draußen läuft mir als erster ausgerechnet *der* Nachbar über den Weg, der mich nicht grüßt. Ich setze ein Lächeln auf und sage freundlich: Guten Morgen!

Wenn ich die langen Gesichter und die sorgenvollen Mienen in der S-Bahn betrachte, denke ich: Ihr habt wohl nicht gehört, was der Herr Pfarrer vorhin im Radio gesagt hat: Daß die Vögel der Sorge und des Kummers über deinem Haupt fliegen, kannst du nicht ändern. Aber daß sie Nester in deinem Haar bauen, das kannst du verhindern (Martin Luther). Bei vielen haben sich die Vögel der Sorge offensichtlich tief eingenistet. Gut, daß ich mein eigenes Gesicht nicht sehe. Es sieht bisweilen so aus, als ob die Sorgenvögel bei mir schon einige Eier gelegt hätten. Dabei habe ich mir schon so oft unnötig Sorgen gemacht. Aber ich verstehe immer noch nicht, daß manches im Leben so oder so kommt – und oft ganz anders, als ich es mir ausgemalt habe. Nicht umsonst heißt es in einem Kirchenlied:

Was helfen uns die schweren Sorgen,
was hilft uns unser Weh und Ach?
Was hilft es, daß wir alle Morgen
beseufzen unser Ungemach?
Wir machen unser Kreuz und Leid
nur größer durch die Traurigkeit.

Es wäre schön, wenn wir dieses Lied miteinander in der S-Bahn singen würden. Stattdessen schweigen wir uns an und schauen aneinander vorbei. Wenn dann ein junger Mann einsteigt und frisch-fröhlich einen guten Morgen wünscht, schütteln die anderen den Kopf. Und manche Fahrgäste schauen ihn so an, als hätte er etwas ganz Unanständiges gesagt. Dabei hat er doch nur gesagt, was die Spatzen von den Dächern pfeifen: Guten Morgen! Ja, guten Morgen!

# Grüß Gott

Als ich ins Schwabenland kam, traute ich meinen Ohren nicht: Grüß Gott! klang es von allen Seiten. Ich wußte zwar, daß die Schwaben ein seltsames Volk sind, aber daß sie zu mir Grüß Gott sagten, fand ich gar nicht lustig, sondern geradezu gottlos. Oder hatte ich mich nur verhört? Als der nächste zu mir Grüß Gott sagte, fragte ich ihn: Wie bitte? Grüß Gott! wiederholte er. Ja, sicher, antwortete ich und verstand die Welt nicht mehr. Grüß Gott! Wie kommt der Mann auf der Straße dazu, mir zu befehlen, daß ich Gott grüßen soll?! Das konnte ich mir nicht gefallen lassen, und ich beschwerte mich beim Herrn Pfarrer. Der gute Mann versuchte mich erst einmal zu beruhigen und erklärte dann freundlich, was Grüß Gott bedeutet: Gott grüße dich! Möge Gott dir seinen Gruß entbieten. Das heißt also, übersetzte ich, daß der Schwabe selbst gar nicht grüßt, er läßt grüßen, sozusagen von oben herab. Daraufhin sagte der Pfarrer, wenn ich meinte, daß der Schwabe hochnäsig sei, würde ich ihn noch kennenlernen.

Inzwischen habe ich den göttlichen Gruß selbst übernommen und sage brav Grüß Gott zu den Leuten. Meistens kommt auch ein Grüß Gott zurück. Eines Tages aber antwortete jemand auf mein Grüß Gott: Wenn du ihn siehst! Ich muß zugeben, daß ich ihn bis heute nicht gesehen habe, auch nicht in Frankreich.

Wenn du ihn siehst… Vielleicht sehe ich ihn jedes Mal, wenn ich jemandem Grüß Gott sage. Ist nicht in jedem Geschöpf ein „Stückchen" Gott? Darum können wir auch zu einem Dackel oder zu einer Pflaume Grüß Gott sagen. Denn mit jedem Gruß sagen wir: Gott sei Dank, daß es dich gibt! Schön, daß du da bist.

Auch Tiere grüßen sich und versichern sich damit die gegenseitige friedliche Gesinnung. Unser Grüß Gott soll ja auch aus einer Zeit stammen, als noch viele gefährliche Leute unterwegs waren und es nicht klar war, ob ein Feind entgegenkommt. Wenn der andere aber auch Grüß Gott sagte, war es klar, daß einem keine Gefahr drohte. Heute jedoch können wir uns dessen auch im Schwabenländle wohl nicht mehr so sicher sein. Und manchmal klingelt ein netter Herr bei alten Menschen an der Tür, sagt freundlich Grüß Gott und räumt dann die halbe Wohnung aus.

Was ich nicht verstehe, ist, daß die Leute auf der Straße zwar laufend Grüß Gott zueinander sagen, sich aber in der Kirche nicht grüßen. Die Gläubigen beten und singen miteinander, doch sie haben für ihre Nachbarn in der Bank oft keinen Blick übrig. Auch der Friedensgruß ist vielfach ein Krampf, wenn er überhaupt stattfindet. Steht da nicht geschrieben: „Grüßt einander mit dem Kuß der Liebe!“ (1 Petr 5,14)?

Manche Schwaben sind so wortgeizig oder maulfaul, daß sie statt Grüß Gott nur Gott sagen. Aber dafür sagen andere wieder nur Morgen, Moin oder Tag, Tagchen. In vielen Gegenden heißt es: Guten Morgen, guten Mittag, guten Abend. Das scheint einfach, aber wehe dem Kollegen, der nachmittags Guten Morgen sagt! Der bekommt den ganzen Tag seinen guten Morgen um die Ohren gehauen. So etwas kann den Schwaben nicht geschehen: Ob Morgen oder Abend, Grüß Gott ist eben immer richtig.

Eingefleischte Schwaben sagen Grüß Göttle und verniedlichen so den Herrgott wie das Herrle sein Hündle. Doch auch im Schwabenland wird Gott beim alltäglichen Grüßen nicht mehr so oft ins Spiel gebracht, und es begrüßen sich viele nur noch mit Hallo. Aber da hallt nichts wider. Und auch das Hallöchen oder Hallöle kehrt leer zurück und ist so flach. Oberflächlich gehen wir meist miteinander um und haben kein Gespür mehr für das göttliche Geheimnis, das jedem Menschenkind innewohnt. In Nepal und Indien verneigen sich die Menschen voller Achtung voreinander und sagen: Namaste! Ich grüße alle göttlichen Eigenschaften in dir. So könnten auch wir wieder Grüß Gott sagen!

# Wie geht's

Wie geht's Ihnen? habe ich meinen Kollegen schon viele hundertmal gefragt. Und jedes Mal lautet seine Antwort: Danke für die Nachfrage. Heute frage ich nach: Ja, wie geht es Ihnen? Verblüfft schaut er mich an: Ist Ihnen nicht gut? Danke für die Nachfrage.

Wie geht's dir? frage ich die aidskranke Sabine. Wie soll es mir schon gehen!? antwortet sie verärgert, ja, wütend. Du weißt doch, daß es mir schlecht geht. Warum fragst du mich? Soll ich nächstes Mal sagen: Gell, dir geht's schlecht?

Auf der Straße treffe ich einen „Penner" und frage: Wie geht's dir? Seine Antwort: Schau mich doch an, dann siehst du, wie es mir geht: beschissen! Ja, ich sehe es ihm an.

Wie geht's dir? frage ich den drogenabhängigen Günter nach einem Rückfall. So kann es nicht weitergehen, sagt er, aber vielleicht ist da, wo ich jetzt bin, ein Weg. Gewiß, aber den muß er selbst gehen.

Auf einem Plakat vor der Kirche steht: Es ist keine Schande, daß es uns so gut geht. Es ist aber eine Schande, daß es vielen Menschen so schlecht geht. Und beschämend ist, daß es so vielen wegen uns so schlecht geht.

Als ich eine rechtgläubige Frau frage, wie es ihr geht, antwortet sie prompt: Jedem geht's so, wie er es verdient. Dies glauben viele, solange es ihnen gut geht. Sobald es ihnen schlecht geht, fragen sie: Warum ich? Womit habe ich das verdient?

Mein Busen ist zu klein, meine Ohren sind zu groß, meine Beine zu kurz, aber mir geht's blendend! versichert die Lady strahlend. Wie das geht, steht auf einer anderen Seite der Frauenzeitschrift.

Wie geht's Ihnen? frage ich einen Gefangenen. Die Frage ist wie ein Schlüssel. Der verschlossene Mann öffnet sich und schüttet mir sein Herz aus. Er kippt mir den Dreck von 30 Jahren vor die Füße und die Scherben, die seine Seele so tief verletzt haben. Er zeigt mir seine Narben. Jetzt geht's mir besser, sagt er und läßt eine Müllkippe und seinen Scherbenhaufen zurück.

Wie geht's? frage ich eine leidgeprüfte Frau. Sie sagt: Es geht so. So, wie das Leben. Aber wie geht das Leben?

Wie geht's dir? frage ich den todkranken Jogi. Und wie geht's dir? fragt er zurück und streichelt meine Hand. Dann küßt er mich dreimal. Nach manchem Krankenbesuch geht's mir besser als vorher.

Die Frau eines todkranken Mannes hat mich gerufen. Wie geht's Ihnen? frage ich den Mann. Das geht Sie überhaupt nichts an, sagt er barsch und dreht sich auf die Seite. Andererseits, denke ich, ginge ihn mein Sterben auch nichts an!

Wie geht's? frage ich Horst. Seine Antwort kenne ich, aber ich verstehe sie immer noch nicht: Ich kann nicht besser klagen.

Unterwegs treffe ich Thomas und frage, wie es ihm geht. Man lebt noch, antwortet er. *Du* lebst noch! sage ich ihm. Wenn du meinst, gibt er leise zurück.

Wie geht's Ihnen? frage ich einen Gefangenen. Er antwortet wie so viele andere Insassen: Den Umständen entsprechend. Die Um-stände – all das, was um den Gefangenen herumsteht, steht ihm im Weg: die Gitter, die verschlossene Zellentür, die Mauern, die „Wärter"... Da kann es einem nicht gut gehen. Aber es gibt Ausnahmen. Als ich Dieter frage, wie es ihm geht, antwortet er: Viel besser als draußen. Hier habe ich ein warmes Bett, und dreimal am Tag wird mir das Essen gebracht. Mir ist es noch nie so gut gegangen. Wahr, aber traurig.

Als ich die inzwischen erblindete Janina frage, wie es ihr geht, antwortet die 13jährige: Ich möchte mal sehen, wie es dir geht, wenn um dich herum alles dunkel ist.

Wie geht's dir? frage ich einen jungen Mann. Danke, ich bin zufrieden. Wenn das nur mehr Menschen sagen könnten. Wer aber unzufrieden ist, soll bedenken: Sei doch zufrieden, daß du nicht alles hast, was du willst, und sei dankbar dafür, daß du nicht alles bekommst, was du verdienst.

Liebe Leserin! Lieber Leser! Die Frage, wie geht's, mag dir manchmal lästig sein. Aber stelle dir vor, niemand würde dich fragen, und allen wäre es gleichgültig, wie es dir geht. Weißt du, daß der Papst und der Bundeskanzler und die anderen hohen Würden- und Amtsträger, die du vielleicht beneidest, oft keinen Menschen haben, der sie fragt: Wie geht's dir eigentlich?

Und so frage ich dich: Wie geht es dir? Ich hoffe gut. Beim Lesen meiner Texte mag dir der eine oder andere Gedanke gegen den Strich gehen, aber dadurch kommst du vielleicht einen kleinen Schritt weiter.

# Es geht so

Wie geht's? Gut. Danke. Und selbst? Auch danke. Eine gute Umgangsform, mit der man sich umgeht. Aber nicht alle gehen so höflich miteinander um. Manche antworten auf die Frage: Wie geht's? Nein danke.

Wie geht's denn sonst? fragt mich ein Mann auf der Straße. Er möchte wohl nicht wissen, wie es mir jetzt geht. Auch besser so. Nicht nur die Deutschen, auch die Franzosen möchten vom anderen nur hören, daß es geht: Ça va? Ça va!

Wie geht's? Wie steht's? fragt mich Frau Fritz zum tausendsten Male. Es läuft, sage ich ihr ein für allemal und gehe weiter.

Herr Müller fragt, wie es mir geht. Ich sage ihm: Ach, es geht. Na, dann geht's ja! antwortet er.

Wie geht's *uns* denn? fragt mich eine Dame dämlich. Sie kann meine Antwort nicht fassen: Ich weiß es nicht.

Oft kann ich nicht einmal sagen, wie es *mir* geht. Manchmal geht es mir schlecht, doch wenn ich dann die vielen anderen sehe, geht es mir wieder gut. Manchmal fühle ich mich wohl, aber wenn ich dann andere leiden sehe, geht es mir wieder nicht gut. Ich denke nicht gern darüber nach, wie es mir geht, denn immer wieder stoße ich mich an dem Gedanken, warum es mir so viel besser als den meisten anderen geht. Wenn mich jemand fragt, wie es mir geht, antworte ich oft gedankenlos: Gut. Danke. Aber manche fragen weiter: Petrus, wie geht's dir eigentlich? Meist sage ich: Ach ja, es geht. Das klingt nicht gut. Aber solange ich nicht ach nein sage, geht es noch.

Zum Glück muß ich nicht jedem offen und ehrlich ins Gesicht sagen, wie es mir geht. Wenn ich jedem einen Einblick in mein Innerstes gewähren müßte, würden mich viele nicht mehr anschauen.

Noch unangenehmer ist für mich die Vorstellung: Jeder, den ich frage, würde mir sagen, wie es ihm wirklich geht! Nicht auszuhalten. Oft müßte ich dann davonlaufen.

Bisweilen ist es mir schon zuviel, wenn einer mir unterwegs sagt, daß es ihm schlecht geht. Verärgert frage ich mich: Warum muß er gerade mir sein Leid klagen? Und ausgerechnet jetzt! Weiß er denn nicht, daß ich in Eile bin!? Es ist doch unverschämt, mich jetzt hier festzunageln. Aber ich kann auch nicht einfach davonrennen, wenn es ihm schlecht geht. Wieso habe ich ihn auch überhaupt gefragt!? Naja, ich wollte mich halt nur nach seinem Wohlergehen erkundigen...

Es ist schon merkwürdig: Da begegnen sich Menschen für einen Augenblick und fragen einander etwas, wofür sie Stunden brauchen würden. Das kann ja nicht gut gehen. Aber es würde uns allen schlechter gehen, würden wir nur noch schweigend aneinander vorübergehen. Lieber schwätzen als nix sagen.

# Gott sei Dank

Ein schwerer Unfall. Nur Blechschaden. Gott sei Dank! Ein anderer Unfall endet tödlich. Da sagen wir nichts. Einige fluchen vielleicht, klagen Gott an. Ist Gott etwa nur verantwortlich für das Gute? Und was ist mit all dem Leid, das uns widerfährt?

Manche glauben, daß das Schicksal unser Geschick bestimmt. Aber was heißt Schicksal? Eine dunkle Macht, die uns Schläge schickt? Eine blinde Gottheit, noch über den Wolken, die ihre Pfeile gegen uns richtet? Und wen es dann trifft, der hat Pech gehabt.

Andere meinen: Es ist alles Zufall. Aber was ist Zufall? Von woher fällt uns etwas zu? Warum fällt dem einen buchstäblich alles in den Schoß, während dem anderen dauernd etwas zustößt? Das weiß niemand. Wir wissen nur, daß es schon merkwürdig ist, was im Leben manchmal zusammenfällt.

Dietmar liegt am 17. Oktober tot in seiner Wohnung, genau fünf Jahre nach dem Tod seiner Lebensgefährtin Anette. Heike stirbt am 27. Juni, ihrem Geburtstag. Thilo verunglückt am 4. Mai, genau drei Jahre nachdem seine Schwester ums Leben gekommen war. Alles Zufall?

Auch das Sterbedatum von Gerda gibt mir zu denken. An Silvester hatte sie um Mitternacht noch das Lied aus dem Radio „Lobe den Herren" mit angestimmt, und am Neujahrsabend saß sie stumm in ihrem Sessel. Herzversagen. Neben ihr eine leere Rotweinflasche. Die Wegzehrung für die große Reise.

Bei der Trauerfeier haben dann auch wir das „Lobe den Herren" gesungen sowie das „Nun danket alle Gott". Das ist ungewöhnlich bei einer Beerdigung, aber zu Gerda hat es gepaßt, denn sie sang gerne Lob- und Danklieder.

„Nun danket alle Gott, … der uns von Kindesbeinen an unzählig viel zugut bis hieher hat getan." Ich frage mich heute noch, wie Gerda dies hat singen können. Von Kindesbeinen an war ihr Leben ein Kreuzweg. Mit fünf Jahren bekam sie Kinderlähmung, und oft schrie sie: Mama, Mama, meine Beine tun immer mehr weh! Eines Tages brach sie zusammen und konnte fortan weder stehen noch gehen. Das linke Bein blieb zurück, war fast leblos. Sie mußte langsam wieder gehen lernen. Zur Schule wurde sie immer mit einem kleinen Leiterwagen gebracht. Später wurde sie ohne Betäubung operiert, weil Kinder die angeblich nicht brauchten. Zu der Zeit war Gerdas Mutter bereits in einer Nervenklinik. Sie hatte ein schlafendes Kind aus dem brennenden Nachbarhaus gerettet und dabei selbst schwere Verbrennungen an Armen und Händen erlitten. Danach war sie so verwirrt, daß sie in eine Heil- und Pflegeanstalt nach Freiburg kam. Ihr Mann konnte ohne sie nicht leben und sah am Ende keinen anderen Ausweg, als in den Tod zu gehen und die kleine Gerda mitzunehmen. Vielleicht wollte er ihr damit ein Leben im „Krüppelheim" ersparen. Am Neujahrsabend war es dann soweit: Der Vater hatte alles vorbereitet und schon den Strick um den Hals seines Töchterchens gelegt. Da schrie Gerda so laut, daß ihre 10jährige Schwester Elisabeth aus dem Schlafzimmer kam. Als der Vater den Schrecken in ihrem erstarrten Gesicht sah, ließ er die Kleine los. Elisabeth trug ihr

Schwesterchen auf dem Rücken über die Straße in eine Gastwirtschaft, wo noch Licht brannte. Wenig später fand man den Vater erhängt in der Wohnung. Das war am Abend des 1. Januar 1936. Genau 60 Jahre später starb Gerda, am Neujahrstag 1996. Zufall?

Gerda glaubte weder an Zufall noch an Schicksal. Sie wußte: „Du bist mein Gott, in deiner Hand liegt mein Geschick" (Ps 31). Sie war gewiß, daß er es war, der ihr an jenem grauenvollen Neujahrstag ein zweites Leben schenkte. Es wurde kein Spaziergang, denn oft tat Gerda jeder Schritt weh. Einmal begegnete sie einem kleinen Kind, das zu ihr sagte: Ach, du viel Aua, viel Aua! Trotz allem Schmerz an Leib und Seele hat Gerda nicht geklagt und gejammert. Gesungen hat sie und uns gemahnt: Vergeßt das Danken nicht. Ja, wir bedenken oft gar nicht, was wir alles von Kindesbeinen an Gott zu verdanken haben. Wir sagen zwar auch Gott sei Dank, aber oft für ganz Banales. Gott sei Dank hat Bayern München verloren, Gott sei Dank hat Steffi Graf gewonnen. Gott sei Dank regnet es heute nicht. Gott sei Dank ist die FDP drin. Ob beim Regierungswechsel oder beim Wetter, ob beim Fußball oder beim Tennis, Gott hat offenbar immer seine Hand im Spiel. Was sagte doch Karl Rahner: Gott sei Dank gibt es nicht, was 60 bis 80 Prozent der Zeitgenossen sich unter Gott vorstellen.

# Alles klar

Die Zeiten ändern sich. Die Menschen auch. Und was sie sagen, ist oft nur von kurzer Dauer. Das ist für Hans kein Trost. Seit 25 Jahren hört er in der Firma täglich unzählige Male, was er längst nicht mehr hören kann: Alles klar? Alles klar! Eigentlich ist nichts klar, denn viele Kollegen sagen: Alles klar. Keiner weiß Bescheid. Andere sprechen in Bildern: Das ist doch klar wie Kloßbrühe. Oder: Das ist doch klar wie dicke Tinte. Einige sagen: Das ist doch klar wie Klärchen. Das kann Hans überhaupt nicht leiden, denn früher nannte Hans seine Frau Klara ‚Klärchen'.

Nur eines ist klar: Hans leidet jeden Tag furchtbar in der Firma. Und er kann mit niemandem darüber reden. Einmal hat er versucht, seiner Klara klarzumachen, wie sehr ihn die Kollegen nerven mit ihrem Alles klar. Klara hat aber nur die Achseln gezuckt: Dann sag doch: Alles in Butter. Das ging Hans erst recht auf den Keks, denn er mag keine Butter und ißt nur Margarine.

Hans hat einen Sohn, der ist 15 und sagt dauernd: Alles roger. Auch das geht Hans gewaltig auf die Nerven. Trotzdem oder gerade deshalb sagte Hans eines Tages in der Firma: Alles roger. Seine Kollegen waren verwirrt. Sie verstanden nicht, daß Hans plötzlich so viel von ‚Roger' sprach. Hans stellte klar, daß Alles roger das gleiche bedeutet wie Alles klar. Alles klar, sagten seine Kollegen, aber wieso gerade Roger? Warum sagt man nicht Alles Rudi? Das konnte Hans ihnen auch nicht erklären. Aber Kollegin Flügge wußte Bescheid: Alles roger ist ein Funkspruch im Flugverkehr. Alles klar, sagte Hans.

Betrübt kehrte Hans heim. Seine Frau fragte ihn: Ist was? Alles in bester Butter, sagte Hans. Am nächsten Morgen ging Hans ins Geschäft mit dem festen Vorsatz, nun endlich für Klarheit zu sorgen. Als seine Kollegen ihn fragten: Alles klar? antwortete Hans: Alles paletti! Die Kollegen schauten ihn verwundert an. Alles klar, antwortete Hans verärgert. Claro, sagte Herr Hanselmann, aber dann könnte man auch gleich sagen: Alles klar. Hans kochte vor Wut und erklärte: Ich sage Alles paletti. Das war zuviel für Herrn Hanselmann: Sie sind genauso einer wie mein Sohn. Der weiß auch nicht, was er sagt. Die Gelehrten sind sich nämlich immer noch nicht einig, woher paletti kommt. Manche Sprachforscher meinen: Wenn alle Paletten gestapelt sind, ist alles paletti. Andere Wissenschaftler behaupten, daß auf hebräisch paletti Pleite bedeutet. Wenn die Juden bei einer Pleite ihre Habe retten konnten, sagten sie Alles paletti.

Nach seiner Paletti-Pleite war Hans platt. Er wußte nicht mehr weiter. Verzweifelt wandte er sich an Jimmy, seinen einzigen Freund. Der riet ihm: Sag doch Okay. Das ist die meistgebrauchte Abkürzung der Welt, obwohl niemand genau weiß, was dieses Modewort bedeutet. Manche glauben, daß O und K die Anfangsbuchstaben des Namens eines Ingenieurs waren, der die Aufgabe hatte, in einer Automobilfabrik die fertigen Wagen zu kontrollieren. Die Autos, die er als tadellos befand, habe er mit seinen Anfangsbuchstaben gekennzeichnet. Die Käufer sollen darauf gekommen sein und solche O. K.-Wagen bevorzugt haben. Aber es gibt noch eine andere Erklärung, die nicht weniger interessant ist. Jeder in Amerika weiß, was knock out heißt. Die Abkürzung ist K. O. Wenn man die Buchstaben vertauscht, hat man das Gegenteil von K. O. – O. K. Hans aber schüttelte ungläubig den Kopf und sagte zu Jimmy: Okay, aber O. K. ist auch die Abkürzung für organisierte Kriminalität, und damit möchte ich wahrlich nichts zu tun haben. Dann sage ich doch lieber: Alles klar!

# Herzlichen Glückwunsch

Herzlichen Glückwunsch zu deinem 30. Geburtstag! Ich höre es heute noch. In jungen Jahren hatte ich alle über 30 für schrecklich alt gehalten. Und nun gehörte ich auf einmal selbst dazu. Kaum zu glauben. Manche sagen: Eine Frau wird ab 30 erst interessant. Das war für mich kein Trost.

Nachdem ich mich mit der 3 in meiner Alterszahl abgefunden hatte, machte es mir nicht viel aus, ob ich 32 oder 37 wurde. Aber 40. Der 40. Geburtstag ist mir voll in die Knochen gefahren. An diesem Tag wurde mir plötzlich bewußt, daß ich den Höhepunkt meines Lebens überschritten hatte und es nur noch abwärts gehen konnte. Ich war ganz unten, und auch der Spruch: Ab 40 wird der Schwab' gescheit, vermochte mich nicht zu trösten.

Ich wurde 41, 42, 43... Die 4 störte mich kaum noch, bis dann die Jahre 48, 49 kamen und ich unausweichlich auf die 50 zuging. Am 11. Februar 1993 war es dann soweit. 50 Jahre! In diesem Alter weißt du, was sich gehört: Du lädst Gäste ein und feierst, auch wenn es dir eher nach einer Trauerfeier zumute ist. Und was du dir da alles anhören mußt: ... Und alles Gute für die zweite Lebenshälfte! Das nenne ich Galgenhumor. Manche sagten: Nun kommst du in dein bestes Alter! Und mein Freund Ernst klopfte mir auf die Schulter: Jetzt gehörst du auch zum Club der alten Säcke! Und die jungen meinten: So alt wird kein Schwein! Und damit sollte ich mich trösten?!

Inzwischen bin ich schon 53, und – ob Sie es glauben oder nicht – auch mit einer 5 in meiner Jahreszahl läßt sich's noch leben. Aber wenn ich an die 60 denke, wird mir jetzt schon schlecht.

60 = 2 x 30 Jahre! Nicht fragen, wie alt ich dann aussehe! Manche Frauen meinen: Mit 60 wird ein Mann erst interessant! Wer das sagt, ist nicht ganz bei Trost. Wenn ich aber 60 bin und dann noch ein paar Jährchen

durchhalte bis zur Rente, kann ich endlich all das tun, wozu ich Jahrzehnte keine Zeit hatte. Da wird mein alter Ego sich freuen! Aber die Freude wird um so kleiner werden, je näher ich der 70 komme.

Beim 70. Geburtstag von Waltraud hörte ich, daß sich die Zellen alle 7 Jahre erneuern. Wie tröstlich für Waltraud. Aber ich werde mit 70 nicht zu trösten sein. Oder ich bin dann noch so fit wie Vico Torriani, der mit 70 Jahren zum 20. Mal seinen 50. Geburtstag feierte. Mit 75 aber liegt mein fünfzigster dann schon ein Vierteljahrhundert zurück, und die 8 kommt immer bedrohlicher auf mich zu.

Herzlichen Glückwunsch zum 80. Geburtstag! Nein danke. Ich sehe mich schon am Stock gehen und ein paar junge Leute auf mich zukommen: Du, Alter, verpiß dich! Im Jahre 2023 werden die Jungen die Renten nicht mehr bezahlen können und auch nicht wollen. Darauf kannst du dich getrost verlassen. Alte, wollt ihr ewig leben? Das ist jetzt schon die Frage. Nein, ich will nicht ewig leben, aber solange ich noch lesen und schreiben kann, möchte ich noch nicht sterben. Und wenn ich dann auf die 90 zugehe, ich meine, zuwackele, werde ich verstehen, was das heißt: zwischen 80 und scheintot.

90 = 3 x 30 Jahre! Oh nein, lieber falle ich jetzt tot um, als 90 zu werden! Bis dahin werden die meisten meiner

Freunde und Bekannten verstorben sein und vielleicht auch schon meine Kinder. Da kann man mir dann herzliches Beileid wünschen. Doch stattdessen werde ich sicherlich ein Ständchen über mich ergehen lassen: Hoch soll er leben! Und ich sitze dann im Rollstuhl, oder ich liege ans Bett gefesselt und in Windeln im Pflegeheim. O Gott, laß diesen Kelch, bitte, bitte, an mir vorübergehen!

Wenn ich aber an meine Mutter denke, gerate ich doch noch ins Schwanken. Sie ist daheim und möchte 107 werden. Dabei ist sie erst 93. Sie tröstet mich über mein Alter hinweg. Und sie spricht über alte Leute so, wie ich damals über die Alten jenseits der 30.

# Danke

Danke, Dankeschön, vielen Dank, Tausend Dank! Es kommt nicht darauf an, was wir sagen, sondern wie wir es sagen. Manches Dankeschön klingt gar nicht so schön: Und Dankeschön, daß du mir das gerade jetzt gesagt hast!

Auch wenn das Danke oft nur eine Floskel ist, ich kenne trotzdem kein schöneres Wort. Vielleicht auch, weil mir das Danke des anderen so gut tut. Nach einem Krankenbesuch höre ich oft: Danke, daß du da warst! oder einfach: Danke. Das Wort Danke allein sagt oft mehr als eine lange Rede. Als der todkranke Uwe sich mit einem herzlichen Dankeschön von mir verabschiedet hatte und ich schon fast aus der Tür war, rief er mir noch einmal mit schwacher Stimme nach: Und Danke. Danke, Petrus! Es waren seine letzten Worte an mich. Oft spüre ich, daß Menschen mit ihrem Danke mir mehr zurückgeben, als ich ihnen gegeben habe.

Manchmal bringt mich das Danke auch in große Verlegenheit. Da sagt eine ältere Frau nach einem zehnminütigen Telefongespräch: Ich danke Ihnen, daß ich mit Ihnen reden durfte. Das sagen andere wahrscheinlich nach einer Audienz beim Papst. Peinlich.

Etwas verlegen bin ich auch, als mir ein junger Mann beim Obdachlosenfrühstück erzählt, wie froh und dankbar er ist, nun endlich ein Dach über dem Kopf zu haben. Das hatte ich immer für selbstverständlich gehalten. Daß es auch nicht selbstverständlich ist, Eltern zu haben und in einer Familie aufzuwachsen, habe ich von den vielen Heimkindern im Knast gelernt. Dort habe ich eingesehen, daß das sogenannte Selbstverständliche nicht von selbst zu verstehen ist.

Die kranken Gefangenen auf dem Hohenasperg haben mir die Augen geöffnet, welch kostbares Geschenk die Gesundheit ist. Als ich einmal einen asthmakranken Insassen in seiner Zelle bei einem Anfall nach Luft ringen sah, ist mir erst aufgegangen, daß ich zum Glück ruhig atmen kann. Jeden Tag atme ich 20 000 mal Luft ein, nicht weniger als 137 Kubikmeter, und alles umsonst. Bei den herzkranken Gefangenen habe ich erlebt, wieviel Angst sie vor einem Herzstillstand haben. Diese Angst sollte ich vielleicht auch haben, doch in meinen Augen ist es selbstverständlich, daß mein Herz unaufhörlich schlägt, mehr als 100 000 mal am Tag.

Auf der akut-psychiatrischen Abteilung war ich täglich bei Männern, die so voller Angst waren, daß sie wochenlang nichts essen konnten, weil sie glaubten, ihr Essen sei vergiftet. Andere hörten Stimmen und waren sicher, daß sie abgehört werden. Bei manchen Gefangenen war das Ich so gespalten, daß sie nicht wußten, wer sie eigentlich sind. Gerade die psychisch kranken Gefangenen haben mich gelehrt, daß es nicht selbstverständlich ist, „normal" zu sein.

Von den HIV-Infizierten und Aidskranken lerne ich jeden Tag neu, welch kostbares Geschenk das Leben ist und wie reich ich bin, weil mein Immunsystem funktioniert. Die 13jährige Janina sagt: Manchmal wünsche ich mir, daß die Erwachsenen einen Tag Aids hätten. Dann würden sie verstehen, daß das Leben nichts Selbstverständliches ist.

Ich verstehe mein Leben immer noch nicht, aber ich weiß, daß ich allen Grund habe, dankbar zu sein.

Mein Danke ist mit Leben gefüllt. Selbstverständlich sage ich oft auch gedankenlos Danke. Manchmal ist mein Danke nicht ohne Hintergedanken. So beschließe ich meinen jährlichen „Bettelbrief" zu Weihnachten immer mit den Worten: Ich danke Ihnen im voraus!

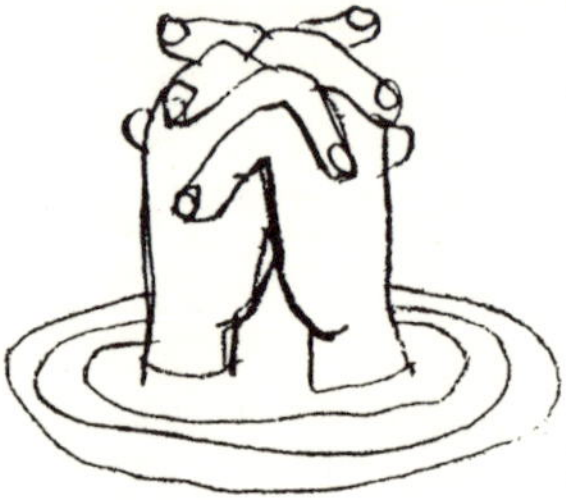

# Bitte

Es heißt, daß wir zehnmal öfter Bitte als Danke sagen. Das Wort Bitte ist aber meist nur eine Höflichkeitsfloskel und selten eine echte Bitte. Es fällt uns schwer, andere um Hilfe zu bitten und zu sagen: Bitte, ich brauche dich, laß mich nicht allein! Ich weiß nicht mehr weiter, bitte, hilf mir! Hast du bitte ein paar Minuten Zeit?

*

Ich will nicht ins Krankenhaus. Immer zu fremden Menschen bitte, bitte sagen müssen. Bitte, Schwester, die Flasche. Können Sie mir bitte den Hintern abputzen? Die Windeln, Schwester, bitte. Und jedesmal sollst du auch noch Danke sagen. Nein, ich will nicht ins Krankenhaus.

*

Ein Hilferuf auf meinem Anrufbeantworter: Petrus, hier ist der Klaus. Bitte, rufe mich zurück. Es ist dringend, ganz dringend. Meine Nummer hast du ja. Ja, Klaus, ich habe deine Nummer in meinem Kalenderbuch, aber das habe ich daheim liegenlassen. Ich kannte deine Nummer auch einmal auswendig, aber ... Ich versuche es auf gut Glück und wähle eine Nummer mit den Zahlen, die ich noch im Kopf habe: 54 69 96. Am anderen Ende meldet sich eine Frau: Ja, bitte. Oh Entschuldigung, sage ich. Ich habe mich wohl verwählt. Ich dachte, ich bin bei Klaus. Wie bitte? fragt die Frau, die mir etwas schwerhörig erscheint. Ich wiederhole: Ich dachte, ich bin bei Klaus. Ich bitte Sie, sagt die Frau, mein Sohn Klaus ist schon vor vier Jahren gestorben. Ach, das tut mir leid, antworte ich und bitte nochmals um Entschuldigung. Aber ich bitte Sie, anwortet die Frau und möchte wissen, ob ich Klaus gut gekannt habe. Ich erwidere noch einmal laut und deutlich, daß ich um Entschuldigung bitte und lege den Hörer auf.

Danach wähle ich die Kombination: 549696. Es meldet sich kein Klaus, sondern eine kräftige Stimme auf dem Anrufbeantworter: Zur Zeit bin ich nicht zu Hause. Es kann sein, daß die Polizei mich gerade verhaftet hat oder ich in die Psychiatrie eingeliefert wurde. Wenn Sie trotzdem mit meinem Butler reden wollen, sprechen Sie bitte jetzt. Ich bin sprachlos und lege den Hörer auf.

Jetzt rufe ich die Auskunft an, um die richtige Nummer zu erfragen. O nein! Bitte gedulden Sie sich einen Augenblick. Bitte gedulden Sie sich einen Augenblick. Bitte gedulden Sie sich einen Augenblick. Meine Geduld ist aber zu Ende. Ich lege auf. Ein paar Minuten später rufe ich nochmals die Auskunft an: Unsere Plätze sind zur Zeit alle belegt. Bitte versuchen Sie uns zu einem späteren Zeitpunkt noch mal anzurufen. Diese Ansage ist gebührenfrei. Aber sie kostet Nerven!

*

Darf ich bitten? fragte sie freundlich. Damenwahl. Eine Katastrophe für jeden Nicht-Tänzer. Kaum hatte sie mich auf die Tanzfläche geführt, trat ich ihr schon zum zweiten Mal auf die Füße. Ich muß Sie doch sehr bitten, bemerkte sie weniger freundlich. Bitte schön, antwortete ich. Mein nächster Fehltritt tat ihr sichtlich noch mehr weh. Aber ich bitte Sie, sagte sie gar nicht mehr freundlich. Darauf erwiderte ich ihr: Wenn ich bitten darf, tun Sie mir das nicht wieder an, und suchen Sie sich bitte ein anderes Opfer. Bitte!

*

In der Woche, als die Frau eines Aidskranken auf das Ergebnis ihres HIV-Testes wartet, liegt sie Tag und Nacht auf den Knien vor ihrem Herrgott: Bitte nicht! Bitte nicht! Laß wenigstens diesen Kelch an unserer Familie vorübergehen! Bitte! Bitte!

*

Wir Christen wandeln unsere Wünsche oft in Fürbitten und erwarten von Gott, daß er sie erfüllt. So bitten wir Gott für den Frieden in unseren Familien, für die Einsamen in unserer Gemeinde, für die Menschen am Rande der Gesellschaft. Wir bitten, daß die Hungernden in der Welt satt werden. Wir bitten Gott um vieles, für das wir selbst zuständig sind. Unsere Fürbitten sind in so wohl gesetzte Worte gefaßt und in so barocke Schachtelsätze verpackt, daß sie nicht einmal bei uns ankommen.

# Ich wünsch dir was

Ich wünsch dir was!
    Was ist was?
Ich wünsch dir alles erdenklich Gute.
    Was ist das?
Alles, was du dir nur denken kannst.
    Und du glaubst, das ist gut für mich?

Du, ich wünsch dir was!
    Kannst du mir sagen: was?
Daß du immer gesund bleibst.
    Wie meinst du das?

Daß du nie krank wirst!
  Und du glaubst, das ist gut für mich?

Ich wünsch dir was!
  Was wünschst du mir?
Daß du wunschlos glücklich bist!
  Was heißt das?
Daß du alles hast, was du dir wünschst.
  Und du glaubst, daß ich dann glücklich bin?

# Toi, toi, toi

Da sagt ein Mann nicht ohne Stolz: Ich will mich nicht selbst loben, aber ich fahre schon 25 Jahre Auto und immer noch unfallfrei, toi-toi-toi…, und klopft dreimal auf den Tisch. Ist der Mann bekloppt? Als ich ihn frage, warum er das macht, sagt er: „Das macht man halt so." Als ich von ihm wissen möchte, was toi-toi-toi bedeutet, antwortet er: „Das sagt man halt so." Ist der Mann tatsächlich so bekloppt, daß er nicht weiß, was er tut? Vielleicht ist er eine Gefahr für die Öffentlichkeit? Aber der Gute fährt doch schon 25 Jahre ohne Unfall. Dagegen bin ich schon einige Male fast auf der Strecke geblieben. Vielleicht, weil ich nicht toi-toi-toi gesagt hatte?

Das möchte ich nun doch genauer wissen und schlage nach. Der Ausruf toi-toi-toi mit dem dreimaligen Auf-Holz-Klopfen ist dem Volksglauben nach eine Schutzhandlung, um die bösen Geister abzuwehren, die durch das Lob neidisch werden könnten. Der unfallfreie Autofahrer hatte also allen Grund, dreimal auf den Tisch zu klopfen und toi-toi-toi zu sagen. Mein Gott, und ich dachte schon, der Mann leide an Beklopptomanie. Da muß ich wohl von allen guten Geistern verlassen gewesen sein!

Aber wieso sagt man gerade toi-toi-toi, und warum zum Beispiel nicht hoi-hoi-hoi? Letzteres ruft man nur nach einem zweifachen Zicke-Zacke, und mit solchen Zicken können keine bösen Geister vertrieben werden. Die Formel toi-toi-toi ahmt das dreifache Ausspucken nach, das Glück bringen soll. Der Speichel galt schon im Altertum als unheilbannend. Nicht umsonst wird beim Glücksspiel in den Würfelbecher gespuckt. Und Markthändler bespucken das zuerst eingenommene Geldstück, damit es sich reichlich vermehrt. Das Bespucken einer Prüfungsarbeit ist dagegen nicht zu empfehlen, zumal man durch Aufregung und Angst einen trockenen Mund bekommt. Da bleibt einem die Spucke weg.

Vor einer Prüfung kannst du jemandem auch den oder die Daumen drücken, aber auch das hilft nicht immer. Manchmal drückt sogar die ganze Nation ihrem Idol vergebens die Daumen. Die Niederlage kann allerdings auch darauf zurückzuführen sein, daß Millionen den Daumen nicht zwischen die vier Finger der Hand genommen hatten und so der dicke Finger von ihnen nicht kräftig genug gedrückt wurde. Ja, wer den Daumen nicht richtig drückt, der kann genauso gut auch Däumchen drehen.

Ich drücke niemandem die Daumen. Dazu bin ich viel zu kleingläubig. Denn es erfordert schon einen starken Glauben, daß ein Boxkampf oder ein Fußballspiel mit den Daumen gewonnen werden kann. Aber der Glaube versetzt Berge.

# Pfui Teufel

Pfui Teufel! Was das bedeutet? Ich weiß es nicht. Ich weiß nur, daß Goethe im Briefwechsel mit seiner Frau die Schwangerschaft wiederholt als Pfuiteufelchen bezeichnete.

*

Es war einmal ein Junge, der hieß Theo Teufel. Als die anderen Kinder ihm immer die Hörner zeigten, sagte er eines Tages zu seinen Eltern, daß er nicht länger seinen Namen tragen wolle. Die Eltern versuchten ihn zu beruhigen und erklärten ihm, daß die Kinder ganz doof seien, die noch an einen Teufel mit Hörnern glaubten. Und der Vater versicherte seinem Sohn, daß er auch nichts dafür könne, als Teufel auf die Welt gekommen zu sein. So blieb Theo Teufel nichts anderes übrig, als sich mit seinem Namen abzufinden. Es gab aber immer wieder Situationen, wo er sich selbst zum Teufel wünschte. So im Religionsunterricht, als der Pfarrer hämisch sagte: Es gibt auch den Teufel in Menschengestalt, nicht wahr, Theo Teufel? Und Theos erste Liebe, die ihn nach seinem Namen gefragt hatte, rief entsetzt: Pfui Teufel! Bei der zweiten hatte Theo auch kein Glück, denn sie sagte ihm: Ich werde mir doch nicht den Teufel auf den Hals laden. Und Theos dritter Anlauf endete mit den Worten: Scher dich zum Teufel! Zu guter Letzt hat Theo Teufel in Frankreich doch noch eine Frau gefunden. Sie heißt Desirée Diable und ist ein Engel.

*

Siebzig bis achtzig Prozent der drogenabhängigen Frauen wurden in ihrer Kindheit oder Jugend sexuell mißbraucht. Das hat in ihren Seelen tiefe Wunden geschlagen, die auch nach vielen Jahren noch wehtun. Um den Schmerz zu betäuben und das Leid zu vergessen, nehmen sie Drogen. Das Geld für den Stoff beschaffen sie sich auf dem Straßenstrich, wo sie vielfach erneut Erniedrigung und Demütigung erleiden. Um den Ekel vor den Freiern zu überwinden, brauchen sie noch mehr Drogen, die sie durch den „Liebesdienst“ verdienen. Pfui Teufel! Wirklich ein Teufelskreis.

*

Teufel gegen den Zölibat, heißt die Schlagzeile auf Seite 1 der Sonntagszeitung. Ich sehe wohl nicht recht. Doch. Da steht es: Teufel gegen den Zölibat. Aber heute ist doch nicht der 1. April. Und ich glaubte immer, daß es keinen Teufel gibt. Gott sei Dank ist er gegen den Zölibat, denn wenn der Satan dafür wäre, würde er mit dem Papst unter einer Decke stecken. Pfui Teufel! Als ich dann den Artikel lese, merke ich erst, wer hinter der Schlagzeile steckt: Erwin Teufel, der Ministerpräsident von Baden-Württemberg. Ich bin enttäuscht: Ach, der Teufel!

*

Für eine rechte Erziehung ist dem Menschen jedes Mittel recht. Mal wird der liebe Gott herangezogen: Wenn du nicht lieb bist, ist der Herrgott böse mit dir. Mal zieht die Mutter den Teufel aus der Erziehungskiste: Wenn du das tust, wachsen dir Hörner, du Teufelskind. Und selbst wenn die Kinder groß sind, wird bisweilen noch der Teufel an die Wand gemalt: Wenn du den heiratest, kommst du in Teufels Küche, du Satansbraten.

*

Der Teufel ist männlich. Aber ein Sprichwort sagt: Wo der Teufel machtlos ist, schickt er als Bote ein Weib. Pfui Teufel!

# Um Gottes Willen

O Gott! Ach, du großer Gott! Mein lieber Gott! O Gott, o Gott! Das Wort Gott ist in aller Munde, auch wenn kein Mensch sagen kann, wer oder was Gott eigentlich ist. Trotzdem reden viele so über Gott, als ob sie über ihn bestens Bescheid wüßten. Sie kennen Gottes unerforschliche Ratschlüsse und seine geheimsten Gedanken. Ob schwere Krankheit, Unfall oder Tod: Immer ist es Gottes Wille.

Ich kann nicht glauben, daß Gott das Leid der Menschen will. Ich kann auch nicht sagen: Dem allmächtigen Gott hat es gefallen, unsere Schwester zu sich zu rufen. Für mich ist das eine Gotteslästerung. Ich kann nicht an einen Gott glauben, der ein Wohlgefallen daran hat, Menschen grausam leiden zu lassen.

Die meisten Menschen reden nicht (mehr) von Gottes Willen, aber sie sagen oft: Um Gottes Willen! Ein Ausdruck des Entsetzens. Um Gottes Willen! sagt die aidskranke Sabine, als sie sich im Spiegel sieht und vor sich selbst erschrickt.

Um Gottes Willen! denke ich, als Tanja mir erzählt, daß ihre Mutter mit dem Mann zusammenlebt, der sie mit 14 Jahren vergewaltigt hatte.

Um Gottes Willen! sagt mir die Mutter von Markus. Mein Sohn ist … na ja, Sie wissen schon, was ich meine. Und nun will er auch noch seinen Freund mit heimbringen. Wenn die sich dann Händchen halten oder streicheln, flippe ich aus.

Vor nahezu jeder Beerdigung bitten mich die Angehörigen: Um Gottes Willen! Sie werden doch sicher nichts über die Krankheit sagen! Auch wenn alle Anwesenden es wissen, darf ich das Wort Aids nicht aussprechen. Und oft darf ich auch nicht sagen, daß der Verstorbene viele Jahre an der Nadel hing. Und daß er im Gefängnis war, werden Sie doch sicher auch nicht erwähnen. Das Leben der Verstorbenen soll totgeschwiegen werden. Um Gottes Willen? Nein, wegen uns

Menschen soll der Schein gewahrt bleiben und das Lügengebäude aufrecht erhalten werden. Um unseretwillen können die meisten HIV-Infizierten und Aidskranken nicht die Wahrheit sagen und müssen sich hinter unsichtbaren Mauern verstecken.

Um Gottes Willen sprengte Jesus die Mauern der Ausgrenzung mit einem Satz Liebe. Um Gottes Willen berührte Jesus die Aussätzigen, was damals streng verboten war. Nicht, weil Aussatz eine ansteckende Krankheit war, sondern weil man durch die Berührung eines Unreinen selbst unrein wurde und nicht mehr sauber vor Gott war.

Hier liegt wohl auch der tiefere Grund für unsere Berührungsangst vor HIV-Infizierten. Wenn wir einen Unberührbaren berühren, befürchten wir, uns zu beschmutzen. Aids ist mit dem Makel des Schmutzigen behaftet, weil das Virus in der Regel durch Sexualkontakte übertragen wird.

Obwohl wir die Übertragungswege von Aids kennen, glauben wir auch nach einem ganz normalen Sozialkontakt, uns die Hände waschen zu müssen. Viele Ärzte und Schwestern im Krankenhaus ziehen grundsätzlich Gummihandschuhe an, auch wenn sie den Infizierten nicht einmal berühren. Manche Mutter wischt daheim alles mit Sagrotan ab, was das infizierte Kind berührt. Wegen angeblicher Infektionsgefahr muß oft selbst der Sarg zubleiben. Als ob das Virus durch den Anblick eines an Aids verstorbenen Menschen übertragen werden könnte! Mancherorts kann der Sarg offen bleiben, aber die Leiche liegt in einem Plastik-Sack. Die Freunde und Angehörigen stehen fassungslos davor. Nicht zu fassen. Und bevor die Friedhofsmänner Suzys Sarg auf dem Wagen ins Krematorium schoben, zogen sie erst einmal Gummihandschuhe an.

Unsere Berührungsangst ist wohl deshalb auch so groß, weil durch die Berührung eines Schwulen, eines Drogenabhängigen ... etwas von seinem Wesen auf uns übergehen könnte. Aber auch ohne Hautkontakt bringen uns die Aussätzigen von heute in Berührung mit sämtlichen Tabu-Themen der Gesellschaft: Sexualität, Homosexualität, Sucht, unheilbare Krankheit, Tod. Das exotische Wort Tabu bedeutet ursprünglich sowohl unberührbar als auch heilig. Die Unberührbaren sind keine Heilige, aber sie führen uns zu Gott. Um Gottes Willen!

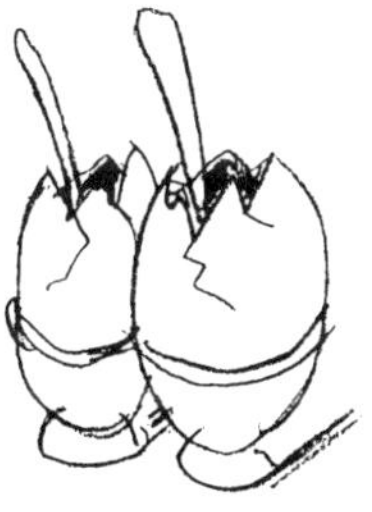

# Ich liebe dich

Die zwei waren verliebt bis über beide Ohren, so daß sie nicht hören konnten, was die anderen sagten: Liebe macht blind. Er war so geblendet, daß er glaubte, die Hübscheste von allen gefunden zu haben. Und sie sah nicht, daß ihr Schatz auch nur ein Mensch war.

Er hatte ihr schon mindestens tausendmal gesagt: Ich liebe dich! Sie war jedes Mal sprachlos: Mein Schatz, ich kann dir gar nicht sagen, wie sehr ich dich liebe!

Eines schönen Tages wurde aus dem Liebespärchen ein richtiges Ehepaar. Ihre Hochzeit in der Kirche war ein Traum. Kaum hatten sie sich das Ja-Wort gegeben, da küßten die beiden sich vor der versammelten Gemeinde so feurig, daß Herr Pfarrer einen roten Kopf bekam. Die Hochzeitsreise führte die beiden nach Paris, ihrer Lieblingsstadt. Sie war im siebten Himmel, als er ihr auf französisch sagte: Je t'aime, Chérie, je t'aime!

Mit der Zeit kehrte der Ehealltag ein, und den beiden gingen die Augen auf. Sie entdeckte an ihrem Schatz plötzlich eine Menge Fehler und Schwächen. Auch er war enttäuscht und hatte sich getäuscht. Sie hatte so vieles an sich, was gar nicht hübsch war, nicht nur Falten und Pickel. Manchmal konnte er sie kaum noch sehen.

Es dauerte keine sieben Jahre, bis das Wort Scheidung fiel. Und als er dann noch den Hochzeitstag vergessen hatte, brach aus ihr heraus, was sie ihm schon so lange hatte sagen wollen: Du sagst nie mehr: Ich liebe dich. Früher hast du es mir immer und immer wieder beteuert, und wie! Und nun sagst du höchstens noch: Ich mag dich. Und das mag ich nicht, denn das klingt in meinen Ohren so wie: Ich mag Pommes oder Pudding. Im übrigen kann ein Mann mehrere Frauen mögen. Manchmal sagst du: Ich habe dich gern! Aber das ist doch nichts im Vergleich zu: Ich liebe dich. Das sagst du aber nie mehr, weil es nicht mehr stimmt. Ich weiß es ganz genau.

Er war platt. Er hatte an alles Mögliche gedacht, aber doch nicht an diesen abgedroschenen Satz. Lautstark rief er: Ich liebe dich! Das hörst du doch ständig. Machst du das Radio an, singt irgend so ein Heini: Ich liebe dich! Im Fernsehen gibt es keinen Film mehr ohne: Ich liebe dich! Mein Gott, ich kann es nicht mehr hören! – Ich will es aber hören! schrie sie ihn an. Und nicht von irgend so einem Heini, sondern von dir will ich es hören! Aber du sagst es mir nicht mehr, weil du mich nicht mehr liebst. Ich spüre es doch.

Insgeheim hatte sie gehofft, daß er ihr widersprechen würde, aber er sagte kein Wort. Das war für sie der Beweis, daß er sie tatsächlich nicht mehr liebte.

Vielleicht können wir die Frau nicht verstehen, weil unser Herz nicht an dem Satz „Ich liebe dich" hängt. Aber auch wir sind davon abhängig, daß die Liebe unseres Schatzes noch gilt, immer noch gilt. Und nicht nur nach einem vergessenen Hochzeitstag sagen wir: Du liebst mich nicht mehr. Dabei wollen wir eigentlich nur das Gegenteil hören und uns vergewissern, daß es immer noch wahr ist: Ich bin geliebt.

Und selbst wenn unsere Hochzeitsbilder schon vergilbt sind und unsere einstige Liebe längst verblüht ist, so brauchen wir immer noch jemanden, der uns sagt: Ich liebe dich. Vielleicht genügt uns inzwischen auch ein:

Ich mag dich, oder: Ich habe dich gern. Und auch wenn uns niemand mehr seine Liebe zeigt, so können wir letztlich doch nicht leben ohne die Gewißheit: Du bist immer noch liebenswert – trotz deiner Pickel und Falten, trotz deiner Mucken und Macken.

# Von ganzem Herzen

Die Statistiker wissen es ganz genau: eine Stunde am Tag verbringen wir mit Sprechen. Das ist nicht viel. Und den Italienern genügen 60 Minuten am Tag zum Palavern sicher nicht. Aber auch wir sagen einiges außerhalb unserer Sprech-Stunde. Ein Blick, eine Geste, eine abwertende Handbewegung, ein Lächeln drückt oft mehr aus als 1000 Worte. Auch wenn kein Gespräch mehr möglich ist, spricht immer noch der Körper. Was er sagt, ist eine Wissenschaft für sich.

Wir bringen auch immer wieder einzelne Körperteile zur Sprache. Einmal sind wir morgens kaum auf den

Beinen, und schon schlägt uns etwas auf den Magen. Ein anderes Mal läuft uns in aller Frühe bereits eine Laus über die Leber. Manches geht uns Tag und Nacht an die Nieren. Das eine oder andere liegt uns ein Leben lang auf der Seele. Der eine Zeitgenosse hängt uns schon seit Jahren zum Hals heraus, ein anderer tanzt uns dauernd auf der Nase herum. Viele dieser Redensarten sind eigentlich unmöglich, aber jeder versteht sie.

Wenn mir jemand in den Rücken fällt, zeige ich ihm die Zähne. Ich gehe nicht schnell vor einem in die Knie und biete auch einem Dickschädel die Stirn. Bisweilen schüttle ich den Kopf über mich selbst, wenn einer mich wieder aufs Kreuz gelegt hat. Manch ein Schlitzohr weiß ganz genau, wie er dich übers Ohr haut: Er erzählt dir, daß er von der Hand in den Mund lebt und ihm seit Tagen schon der Magen knurrt. Dann packt er eine rührende Story aus und weint sich die Augen aus dem Kopf, ohne mit der Wimper zu zucken. Und schließlich drückt er auf die Tränendrüse, bis dir das Herz aufgeht – und dann der Geldbeutel.

Hin und wieder verliere ich schon mal den Kopf, und auch mein Herz habe ich schon ein paar Mal verloren. Das erste Mal war ich noch arg jung, als so ein liebes Mädel mir den Kopf verdrehte. Ich schenkte ihr mein Herz, und sie legte mir das ihre zu Füßen. Wir waren ein Herz und eine Seele, bis mein Freund ihr eines Tages hinter meinem Rücken den Kopf verdrehte. Da hat nicht viel gefehlt, und ich hätte ihm den Hals umgedreht.

Meist rede ich frei von der Leber weg, mit vollem Herzen. Und wenn ich schreibe, nehme ich kein Blatt vor den Mund. Das kann ins Auge gehen, und mit einigen Leserinnen habe ich mich auch schon in die Haare gekriegt.

Manchmal möchte ich mir die Seele aus dem Leib schreien, aber dann habe ich plötzlich einen Kloß im Hals. Ab und zu rutscht mir das Herz in die Hose, und nur selten trage ich es auf der Zunge. Und immer wieder freue ich mich, wenn Menschen das Herz auf dem rechten Fleck haben. Viele Zeitgenossen haben ein Herz aus Stein. Manche sind herzlos. In den Kontaktanzeigen suchen auffallend viele Männer und Frauen einen Partner mit Herz.

Unser Körper wird immer mehr zum Ersatzteillager, aber das Herzstück kann nicht ersetzt werden. Der Mensch mit fremdem Herzen ist nicht mehr die gleiche Person wie zuvor. Das Herz ist mehr als ein Organ, viel mehr als eine Pumpe, die unseren Blutkreislauf rund um die Uhr in Gang hält. Das Herz bildet die Mitte unserer Person – immer wieder lassen wir unser Herz sprechen und sagen Herzlichen Dank, herzliche Grüße. Und was gibt es Schöneres als ein herzhaftes Lachen?! Unsere Gefühle und Empfindungen haben ihren Sitz in unserem Herzen. Der große Philosoph Aristoteles dachte sein Leben lang, daß er mit dem Herzen denke und nicht mit dem Hirn, das er nur für einen Kältespeicher hielt. Und der kleine Prinz sagt: Man sieht nur mit dem Herzen gut.

König Salomon erbat sich von Gott für seine Regentschaft ein hörendes Herz (1 Kön 3,9). Gott lobte ihn für diesen Wunsch und hob hervor, daß er sich keinen Reichtum gewünscht habe. Den bekam er dann noch hinzu. So wünsche ich auch uns, daß wir mit dem Herzen hören, was andere uns mitteilen möchten. Und wenn wir mit unserem Herzen in uns hineinhorchen, hören wir auch, was Gott uns sagt. Er spricht mit uns, aber nicht nur eine Stunde am Tag. Er hat immer Sprechstunde.

# Was du nicht sagst

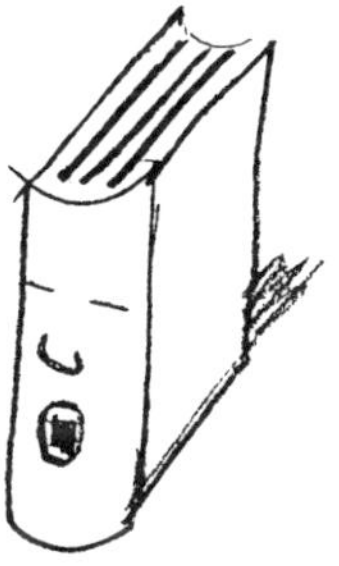

Wer sagt's denn? Wem sagst du das? Solche Zwischenbemerkungen sind oft genauso vielsagend wie die Zwischentöne in einem Gespräch. Ja, es ist schon merkwürdig, was wir so zwischendurch im Gespräch einwerfen. O Gott! – Ich werde verrückt. – Um Gottes Willen! – Meine Güte! – Du liebe Zeit. – Ach, du grüne Neune. – Jesses, nee. – Meine Herren! – Daß ich nicht lache! Manchmal sagen wir nur ein einziges Wort, aber das hat es in sich: Donnerwetter! Du? – Unglaublich. Der? – Toll. Ihr? – Ich? Oder?

Besonders bemerkenswert ist das Wörtchen *und:* Und wie. Und ob. Na und. Ja und. Und, und, und. Und so weiter und so fort. Das sagen wir meist dann, wenn wir nicht weiterwissen. Manche drücken ihr Nicht-Weiterwissen so aus: Und falleri und fallera. Andere sagen: Und trallala und trallala. Oder noch schwungvoller: Und hopsassa und trallala. Auf Latein hört sich das etwas anders an: et cetera et cetera.

Wir verstecken unsere Unwissenheit oft hinter Fremdwörtern und Fachausdrücken. Was wir nicht alles sagen, um nur nicht zu sagen: Ich weiß es nicht. Als Rundfunkreporter Leute auf der Straße fragten, was Arboretum bedeutet, bekamen sie alles Mögliche zu hören:

> Arboretum? Ja, das kenne ich! Das ist ein Abführmittel. – Das hat etwas mit den Ureinwohnern Australiens zu tun. – Das ist ein elektrisches Gerät. – Arboretum? Das muß eine Heilpflanze sein. – Ich habe schon viele medizinische Wörter gehört, aber das noch nicht. – Arboretum? Das hat mit Rettung zu tun.

Keiner der Befragten sagte: Ich weiß es nicht. Dabei ist es doch wirklich keine Schande, wenn jemand nicht weiß, daß Arboretum ein Lehrgarten mit ausgesuchten Baumarten ist. Mensch, was du nicht alles sagst! Ich weiß es. Ich kenne ihn. Ich verstehe dich. Das sagt sich alles so leicht. Aber was weißt du eigentlich? Nicht umsonst sagst du immer wieder: Was weiß ich! Weißt du, daß du erst weise bist, wenn du weißt, daß du nichts weißt? Du ahnst wohl, daß es nur einen gibt, der die großen Zusammenhänge kennt. Darum sagst du: Weiß Gott! Vielleicht sagst du: Weiß der Teufel! Aber sind der Teufel und Gott nicht eins? Der Teufelsglaube ist doch nur mangelnder Glaube an Gott. Weil wir nicht glauben können, daß auch das sogenannte Böse der liebe Gott zuläßt, spalten wir es von ihm ab und schieben alles Böse dem Teufel in die Schuhe.

Menschenskind, wie kannst du behaupten, einen anderen zu kennen, wenn du nicht einmal dich selber kennst? Oder kennst du den, der dich aus dem Spiegel anschaut? Kennst du den, der immer wieder das tut, was du eigentlich nicht willst?

Du sagst einfach: Ich verstehe dich. Warum glaubst du, daß dein Gegenüber dich so oft fragt: Verstehst du mich? Verstehst du, was ich meine? Und vielleicht hat dir jemand, den du zu verstehen glaubst, schon einmal auf den Kopf zugesagt: Du verstehst mich nicht.

Du magst noch so verständnisvoll sein, trotzdem kannst du nicht aus deiner eigenen Gedanken- und Gefühlswelt ausbrechen, um dich in einen anderen hineinzuversetzen. Deinem Einfühlungsvermögen sind Grenzen gesetzt, weil du in dir selbst gefangen bist und bleibst. Selbst wenn du noch so aufgeschlossen bist und der andere sich dir ganz öffnet, kannst du ihn nie ganz verstehen. Sage darum nicht: Ich verstehe dich. Aber freue dich, wenn der andere sich von dir verstanden fühlt und dir sagt: Du verstehst mich.

# Mahlzeit

Gesegnete Mahlzeit! sagten sich früher die Menschen vor und nach dem Essen. Von diesem Gruß ist nur noch Mahlzeit! übriggeblieben. Doch das ist kein Segen. Da gehst du mittags vor dem Essen schnell noch wohin, und da kommt dein Kollege aus dem Klo und begrüßt dich mit: Mahlzeit! Kaum stehst du da, und plötzlich sagt dir dein Nachbar: Mahlzeit! Und bevor du dir was denkst, hast du selbst schon Mahlzeit! gesagt. Als ich noch auf dem Hohenasperg war, ging ich mittags nach Hause essen. Bis ich an der Torwache ankam, hatte ich zigmal Mahlzeit! gehört und gesagt. Und als ich nach dem Essen die Anstalt wieder betrat, war das erste Wort: Mahlzeit! – Ja, Mahlzeit!

Wenn ich daran denke, daß ich von jedem unnützen Wort, das ich geredet habe, am Tage des Gerichts Rechenschaft werde ablegen müssen (Mt 13,36), kann ich nur noch Prost Mahlzeit! sagen. Das kann ja gut werden! Das wird eine schöne Abrechnung!

Was habe ich in meinem Leben schon alles dahingesagt und dahergeredet! Und wie vieles habe ich nachgeplappert und anderen nachgesagt.

O Gott, wenn du anrechnen wirst all unser Gerede und Gefasel, kann doch kein Mensch vor dir bestehen! Erst recht nicht so Dauerredner wie die in Talk-Shows oder in der Politik: Sie reden nur, ohne etwas zu sagen. Und wenn sie einmal was sagen: Was interessiert mich mein Geschwätz von gestern? Auch was wir den lieben langen Tag schwätzen, geht auf keine Kuhhaut.

Wieso gerade Kuhhaut? Das ist eine lange Geschichte. Seit dem frühen Altertum wurde auf getrockneten und geglätteten Tierhäuten geschrieben. Die Ägypter gebrauchten schon vor unserer Zeitrechnung Pergament. Im Mittelalter wurden nur die Häute von Kälbern und Schafen als Pergament verwendet. Damals glaubten die Menschen, daß der Teufel ihre Sünden aufschreibt, um sie ihnen beim Jüngsten Gericht vorzuhalten. Und es müssen schon ganz viele sein, wenn sie nicht einmal auf einer Kuhhaut Platz finden.

Vielleicht sollten wir selbst all unsere Phrasen und Sprüche auf Kuhhäute aufschreiben und in unserer Wohnung an die Wand hängen. Dann würden wir wohl weit weniger Worte machen und auch nicht mehr so oft sagen: Mahlzeit!

Und wir täten auch gut daran, eine große Kuh- oder Ochsenhaut über unseren „Hausaltar" zu hängen; denn was uns das Fernsehen zumutet, das geht wahrlich auf keine Netzhaut.

Ich glaube nicht, daß Gott am Ende unseres Lebens mit uns ins Gericht gehen wird. Zwar werden wir Rechenschaft über unsere Worte und Taten ablegen müssen, aber er weiß, was wir für Geschöpfe sind. Selbst wenn nicht einmal hundert Kuhhäute für unser Sündenregister ausreichten und der Teufel alles genauestens aufgeschrieben hätte, könnten wir uns getrost darauf verlassen, was da geschrieben steht: Auch wenn unser Herz uns anklagt, Gottes Herz ist größer als all unsere Schuld und Sünde. Und so wird er uns zu guter Letzt zum himmlischen Gastmahl einladen: Gesegnete Mahlzeit!

# Guten Appetit

Wir wünschen einander guten Appetit! Wenn wir aber wüßten, was da alles auf unserem Teller liegt, würden wir wohl sagen: Auf gut Glück! Oder: Viel Mut! Oder: Augen zu, da müssen wir durch. Aber auch wenn wir mit offenen Augen essen, sehen wir das Gift nicht. Es ist unsichtbar und sieht so appetitlich aus. Wir sehen unserem Essen nicht an, daß es verstrahlt und genmanipuliert ist. Die Lebensmittelindustrie tut alles, um uns auf den Geschmack zu bringen. Allein schon das Wort gen-gestylte Bakterien ist ein Leckerbissen, den man sich erst mal auf der Zunge zergehen lassen muß.

Zum Glück schmecken wir nicht, was da alles ein Geschmäckle hat. So essen wir uns krank, ohne daß wir es merken. Das ist ja der Wahnsinn, nicht nur beim Rindfleisch. Denn auch die Wurst, das Steak und das Schweineschnitzel schmecken gut und so gar nicht nach Hormonen.

Manche fliegen auf Geflügel, aber die haben wohl noch nie eine sogenannte Hühnerfarm gesehen, sonst wäre ihnen der Appetit auf die armen Viecher längst vergangen.

Andere essen nur noch Fisch. Sie sind nicht weniger mutig, denn im Meer schwimmt einiges herum, was nicht gerade bekömmlich ist, und auch die Schwer-Metalle sind nicht leicht verdaulich.

Zunehmend mehr Menschen verzehren weder Fisch noch Fleisch. Sie trinken Milch von Kühen und essen Käse. Wenn sie wüßten, was denen alles verfüttert wird. Wer sich gesund ernähren will, fängt morgens mit einem Ei an, aber auch das kann durch die Salmonellen leicht in die Hose gehen. Und dann die Legehenne, die ihre Lebenszeit auf einer Fläche verbringt, die kleiner ist als ein DIN-A-4-Blatt.

Dann gibt es noch die eingefleischten Vegetarier, die nur Körner, Kartoffeln, Gemüse und Früchte essen, vom Bio-Bauern, versteht sich. Nur hat das auch seinen

Preis und ist nicht frei von saurem Regen und Umweltgiften.

Bald kommt unser Essen nur noch aus dem Gen-Labor und dem Bioreaktor. Dann essen wir uns natürlich gesund. Da kannst du Gift drauf nehmen. Guten Appetit!

*

Ich lehne mich zurück. Urlaub. Endlich. Über den Wolken muß die Freiheit wohl grenzenlos sein. So ist es. Frei von allem, was einen da unten gefangenhält. Weit weg auch von den Müllhalden, die zum Himmel stinken.

Als wir über die Pyrenäen fliegen, fragt die Frau neben mir ihren Mann am Fenster: Siehst du was? Ganz schöne Dinger, du, sagt er. Dann wird das Abendessen serviert. Guten Appetit! Es gibt Fisch, Käse, Brot, Butter, Pudding mit Sahnehäubchen und eine Praline. Aber erst einmal an das Besteck herankommen, das in eine Plastik-Hülle eingeschweißt ist. Pfeffer, Salz, Zucker, Süßstoff, Milchpulver und Servietten sind gesondert abgepackt. Auch das Brot ist fein säuberlich verpackt; Fitneß-Brot ohne chemischen Zusatz. Na, wenn das nicht schmeckt! Der Frischkäse in einem Plastikbehälter ist wärmebehandelt, sonst wäre er ja nicht mehr frisch.

Dann wird Kaffee und Tee serviert. Oder möchte der Herr etwas Kühles? Einen Tomatensaft, bitte. Dazu gibt es nochmals einen eigenen Becher und einen Löffel, natürlich reines Plastik. Nachdem ich auch noch die Praline gegessen habe, sitze ich vor einem Haufen Müll: eine Tasse, ein Becher, Papier, Deckel und Deckelchen, Geschirr, Schalen und Schälchen… eine Landschaft wie die Pyrenäen: Was sagte noch der Mann am Fenster: Ganz schöne Dinger. Kurz darauf wird mit einem Lächeln abserviert, aber der Müll drückt mir schwer auf den Magen. Guten Appetit! Und schönen Urlaub!

# Prost

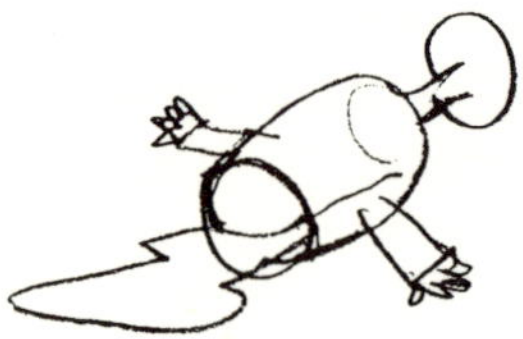

Ich bin ziemlich beschwipst.
    Und ich habe einen intus.

Also haben wir beide einen sitzen.
    Was soll's. In vino veritas.

Du immer mit deinen Fremdwörtern.
    Naja, schließlich habe ich das große Latinum.

Du sollst Deutsch mit mir schwätzen.
    Sei du ruhig, du sagst immer servus zu mir.

Ja und? Servus ist doch ein schöner Gruß.
Meinst du. Servus bedeutet Sklave.

Ja, du bist versklavt. Denn deine Frau ist ja eine…
Herrscherin möchtest du sagen, eine Domina.

Das hast du gesagt, mein Lieber.
Meine Frau hat nur pro forma die Hosen an.

Ach, wegen ihrer Figur, ach, so ist das.
Du, deine Angela ist auch kein Angelus, kein Engel.

Was willst du damit sagen?
Naja, in puncto… du weißt schon, was ich meine.

Du, jetzt mach mal einen Punkt, ja?
Ich meine ja doch nur: In puncto puncti…

Du sollst Deutsch mit mir schwätzen.
Ich sage nur: Suum cuique: Jedem das Seine!

Du meinst: Jeder soll bei seiner bleiben.
Dann würde in puncto puncti sexti uns was fehlen.

Das sechste Gebot magst du wohl ganz besonders.
Du, da muß ich dir Contra geben.

Aber wir sind hier doch nicht beim Skat.
 Mit meinem Schwiegersohn in spe habe ich
 kürzlich gespielt.

Kann der überhaupt Skat?
 Ja, das ist doch die conditio sine qua non.

Genau. Sonst könnte er deine Tochter nicht heiraten.
 Mit dir müßte ich mal tabula rasa machen.

Ach, du möchtest Tacheles mit mir reden.
 Ich rede ganz sachlich, sine ira et studio.

Du bist genauso ein Studierter wie die Herren Richter.
 Die in dem Mordfall zu Recht gesagt haben:
 In dubio pro reo.

Eine Schweinerei ist das, so einen freizusprechen.
 Und wo war das corpus delicti?

Weißt du noch, die knackigen Körperchen am
 Strand von Rimini?
 Mann, das sind doch längst tempi passati.

Aber wir waren doch nicht mit dem Passat da.
 Sancta simplicitas. Ich kann dir sagen!

Prost, Prost, Kamerad, ich meine: Servus, Prost, Prost!
Das heißt eigentlich: Prosit!

Und was heißt das eigentlich?
Es möge nützen. Zum Wohlsein.

Das sage ich immer, wenn jemand niest.
Nun bin ich mit meinem Latein am Ende.

Na, dann Prost!

# Viel Spaß

Heute abend gehe ich ins Theater.
  Viel Spaß wünsche ich dir.

Nein, es handelt sich um ein Drama.
  Naja, aber Spaß muß sein!

Ich finde das nicht lustig.
  Du verstehst wohl keinen Spaß?

Schon, aber das Stück ist zum Heulen.
  Spaß beiseite. Warum gehst du denn hin?

Aus Spaß an der Freud.
 Das kann doch nicht dein Ernst sein.

Meine Frau und ich haben ein Abo.
 Ja, aber wenn's dir keinen Spaß macht.

Nach dem Theater gehen wir immer noch was essen.
 Das ist dann aber ein teurer Spaß.

Manchmal trinken wir auch nur ein paar Bierchen.
 Ja, da hat dann deine Leber ihren Spaß!

Und deine Lunge freut sich an deinen Zigaretten.
 Oh Mann, heute hat meine Schwiegermutter
 Geburtstag.

Na dann: Viel Spaß!
 Da gibt es nichts zu lachen.

Mach keine Späßle! Ist es denn so schlimm?
 Es ist ein Drama, kann ich dir sagen!

Aber am Geburtstag muß doch ein bißchen Spaß sein.
 Du kennst meine Schwiegermama nicht!

Mit ihr ist wohl gar nicht zu spaßen?
Absolut nicht.

Aber jetzt mal ohne Spaß: Warum gehst du dann hin?
Weil meine Frau sonst durchdreht.

Und dann hört für dich der Spaß auf.
Ach, könnte ich doch mit dir ins Theater gehen!

Du kannst. Spaß beiseite. Meine Frau ist krank.
Du kennst meine Frau nicht und meine Schwiegermutter...

Denen sagst du spaßeshalber, daß du etwas Besseres vorhast!
Mann, hast du Humor! Und wie heißt das Stück?

Meine Schwiegermutter hat Geburtstag!
Dazu brauche ich doch nicht ins Theater zu gehen, du Spaßvogel!

# Entschuldigung

Eine Frau will sich in der Stadtbahn hinsetzen. Aber der Mantel ihres Nebensitzers hängt ein Stück auf ihrem Platz. Er entschuldigt sich und bekommt zur Antwort: Ich sitze auch nicht über meine Hälfte. Die meisten Fahrgäste nehmen die Entschuldigung an, wenn der Mensch nebenan die Grenze überschreitet und sich zu breit macht. Schließlich kann es jedem passieren, daß er anderen auf die Füße tritt, einen anstößt oder stolpert und auf einem anderen „landet".

Manche entschuldigen sich schon, wenn sie nur aussteigen wollen. Andere bitten um Entschuldigung, wenn sie austreten müssen. Entschuldigung, ist oft eine reine Höflichkeitsfloskel: von Schuld kann keine Rede sein. *Daher* kommt uns das Entschuldigung! wohl auch so leicht über die Lippen.

Wenn wir wirklich Schuld auf uns geladen haben, fällt es uns viel schwerer, das Wort Entschuldigung auszusprechen. Manchmal können wir zwar ein gewisses Fehlverhalten zugeben, aber wir bringen es nicht fertig, den anderen dafür um Entschuldigung zu bitten. Das Schuldeingeständnis ist offenbar ein Zeichen der Schwäche. Dabei vergeben wir uns nichts, wenn wir einen anderen um Vergebung der Schuld bitten. Und umgekehrt ist es auch nicht unbedingt ein Zeichen der Stärke, wenn wir darauf bestehen, daß der andere sich bei uns entschuldigt.

Auch wenn wir unsere Schuld eingestehen, führen wir zu unserer Entschuldigung oft an, daß es heute doch alle so machen und manche noch viel Schlimmeres tun. Oft schieben wir die Schuld auf andere ab wie Adam auf Eva und diese auf die Schlange. Entschuldigungen gibt es genug: die Erbanlagen, die Erziehung, das Elternhaus, das Alter, der Beruf, die Gesellschaft, die da oben… Ich bin selbst schuld, das sagen wir nur selten. Heutzutage scheint es kaum noch Schuld zu geben. Alles wird entschuldigt.

Gewiß, es gibt immer noch Menschen, die sich für alles und jedes entschuldigen. Am liebsten möchten sie sich auch dafür noch entschuldigen, daß es sie überhaupt gibt. Oft sind es Frauen und Männer, die schon als Kinder ständig zu hören bekamen: Du bist an allem schuld! Und später hieß es dann: Du bist schuld, daß Mutter wieder trinkt, oder: Wegen dir hat sich Vater das Leben genommen.

Im allgemeinen wird den Menschen heute die Schuld ausgeredet, während sie ihnen früher eingeredet wurde. Auf sexuellem Gebiet war nahezu alles Sünde, ja, Todsünde! Es ist höchste Zeit, daß die Kirche sich für all die Sündenängste entschuldigt, die die Menschen jahrhundertelang gequält und krank gemacht haben.

Das heißt nicht, daß es keine Schuld und keine Sünde mehr gibt. Manches, was ich getan habe, ist unentschuldbar. Mein Leben geht nicht auf; es bleibt immer ein Rest Schuld zurück, für den außer mir niemand haftbar ist. Darum bete ich im Schuldbekenntnis: Ich bekenne. Das heißt: Ich erkenne meine Schuld und bekenne, daß ich meinem Herrgott und meinen Mitmenschen die Liebe schuldig geblieben bin.

Und Gott? Kann er seine Hände in Unschuld waschen angesichts all des himmelschreienden Leids in der Welt? Die Theologen versuchen ihn dadurch freizusprechen, daß er den Menschen aus Liebe auch die Freiheit gegeben habe, Böses zu tun. Aber ist denn die Freiheit soviel wert, daß sie unzählige Unschuldige das Leben kostet? Dieser Preis ist doch viel zu hoch! Ich frage mich, ob nicht auch Gott schuldig werden kann. Mein Gott, Entschuldigung, daß ich so denke. Aber ich kann dich nicht einfach entschuldigen, wenn ich auch nur ein einziges Kind an Aids leiden und sterben sehe.

# Herzliches Beileid

Bei einem Todesfall suchen wir nach Worten, aber wir finden oft keine. Und schließlich sagen wir Herzliches Beileid und spüren, wie unsere Worte versagen. Aber wir können doch nicht nur schweigen, wir brauchen ein paar Worte, um unser Mitgefühl, unsere innere Anteilnahme zum Ausdruck zu bringen. Sagen wir etwas Herzliches, das von Herzen kommt. Scheuen wir uns auch nicht, unser Beileid, unser Mitleiden mit den Angehörigen zu zeigen. Denn mehr als Worte sagt oft eine Umarmung.

Herzliches Beileid sagt der Mann vom Beerdigungsinstitut den Angehörigen und kommt dann zur Sache. Er zieht den Vorhang auf und zeigt ihnen die Särge in allen Preisklassen. Dann legt er ihnen einen Katalog vor mit Spitzenkissen, Decken, Schleiern und allen anderen Artikeln, von denen das Geschäft mit dem Tod lebt. Das letzte Hemd hat keine Taschen, aber es hat seinen Preis.

*

Von der ganzen Trauerfeier habe ich nichts mitbekommen, sagt Monikas Mutter. Die ganze Zeit habe ich nur daran gedacht, daß mein Kind anschließend verbrannt wird und in Flammen aufgeht. Auch die Angehörigen und Freunde, die mir nach der Trauerfeier ihr Beileid bekundet haben, habe ich nicht wahrgenommen. Sie alle waren nur Schemen für mich. Ich sah nur mein Kind im Feuer.

*

Die Eltern von Klaus sagen Ingrid halbherzig: Herzliches Beileid. Sie sollten ihr lieber sagen: Es tut uns leid. Denn sie haben der Weggefährtin von ihrem Klaus unsagbar viel Leid zugefügt. Sie haben ihr vorgeworfen, daß sie Klaus angesteckt habe und schuldig am Tod ihres Sohnes sei. Dabei war es umgekehrt. Obwohl Ingrid selbst nur noch Haut und Knochen ist, stand sie Klaus in seinem Leiden bei und begleitete ihn bis zur Schwelle des Todes.

*

Die Trauergäste sprechen den Angehörigen des Verstorbenen ihr herzliches Beileid aus, wohlwissend, daß diese sein Ableben kaum erwarten konnten, um endlich an das Erbe heranzukommen.

*

Beileidsbekundungen gibt es nicht bei jeder Trauerfeier, und es gibt auch nicht immer eine Trauergemeinde. Manchmal kommen nicht einmal die Eltern, um sich von ihrem Kind zu verabschieden. Und auch von den Geschwistern, Onkeln und Tanten läßt sich bisweilen niemand blicken. Für die Angehörigen war der verlorene Sohn, die gefallene Tochter schon längst gestorben. Gut, daß es manchmal Freunde gibt, die für einen Vater, Mutter, Bruder und Schwester sind und mit ihm eine Familie bilden. Aber manchmal ist niemand da, der dem Heimgegangenen eine Träne nachweint. Kein Mensch vermißt ihn. Er war schon tot, lange bevor er starb. Zu Lebzeiten hätte man ihm sagen können: Herzliches Beileid.

Einen Tag nach der Beerdigung sagt eine Nachbarin zu der Mutter des Verstorbenen: Herzliches Beileid. Stimmt denn das, daß der Karl-Heinz Aids hatte?

*

Ein guter Bekannter starb im Urlaub bei Malaga. Nachdem er dort eingeäschert worden war, bekam seine Frau die Urne mit in ihr Ferienhaus. Einige Tage später flog sie mit der Urne zurück nach Deutschland und wurde auf dem Düsseldorfer Flughafen gefragt, was sie in ihrer Tasche habe. Als sie sagte, es sei ihr verstorbener Mann, kam das den Beamten spanisch vor. Aber schließlich sagten sie dann doch: Herzliches Beileid!

# Es ist zum Heulen

Es ist zum Heulen, sagen wir – und können nicht weinen. Die meisten Menschen haben zu wenig Tränenflüssigkeit, weil sie zu wenig weinen. Viele wären froh, wenn sie wieder weinen könnten. Vor allem Männer weinen wenig. Leiden sie deshalb häufiger unter Magengeschwüren als Frauen? In den Tränen soll die gleiche Salzsäure enthalten sein, die sich auch in der Flüssigkeit der Magengeschwüre befindet. Und ist unsere verstopfte Nase nicht häufig darauf zurückzuführen, daß wir nicht Rotz und Wasser heulen können? Weinen ist gesund. Denn durch die Tränen wird nicht nur überschüssige Feuchtigkeit aus dem Körperinneren ausgeschieden, die Tränen sind auch Badewasser für die Seele.

*

Viele Frauen weinen vor Freude, wenn der Arzt ihnen mitteilt, daß sie in froher Erwartung sind. Andere heulen dann aus Verzweiflung. Manche nehmen die Nachricht mit einem weinenden und mit einem lachenden Auge auf. Die drogenabhängige Paula lacht erst, als der Arzt ihr sagt, daß sie bereits im fünften Monat schwanger ist; denn davon hat sie nichts bemerkt! Sie glaubt es ihm nicht. Aber als der Arzt ihr sagt, daß es todsicher ist und man jetzt nichts mehr „machen" kann, vergeht der HIV-infizierten Frau das Lachen, und sie bekommt einen Heulkrampf.

*

Als die Mutter von Mirjam stirbt, sagt das Kind: Ich kann nicht mehr weinen. Beim Tod meines Brüderchens vor zwei Jahren habe ich so viel geweint, daß ich jetzt keine Tränen mehr habe.

*

René konnte und wollte ohne seine verstorbene Claudia nicht mehr leben. An ihrem Geburtstag, am

1. Februar, erhängte er sich am Fensterhaken in seiner Wohnung. Dann folgte ein langer Streit, wer die Bestattungskosten übernimmt. Das Sozialamt Schwäbisch Gmünd stritt sich mit dem Sozialamt Leipzig, wo Renés Mutter von der Sozialhilfe lebt. Wieder einmal ging es um die leidige Frage der Zuständigkeit. Formulare wurden hin- und hergeschickt, Unterlagen hin- und hergefaxt. Telefonate hin- und hergeführt. Das Hin und Her zwischen den Ämtern dauerte einige Wochen. Solange lag René weiterhin auf Eis. Es ist oft unbegreiflich, wie eiskalt Sachbearbeiter einen Beseitigungsvorgang bearbeiten. Und wie lange es dauert, bis ein Sozialhilfe-Empfänger entsorgt wird, billigstmöglich. Er wird unter Umständen auch gegen seinen erklärten Willen verbrannt, da er keinen Anspruch auf eine teure Erdbestattung hat.

Am 5. März, fast fünf Wochen nach seinem Tod, konnte dann endlich die Trauerfeier stattfinden. Wir trösteten uns damit, daß René bei seiner Claudia ist, für immer untrennbar. Auf Erden aber blieben ihre stofflichen Überreste voneinander getrennt. Denn die Urne von René wurde nicht im Grab von Claudia beigesetzt. Das war nach Auskunft der Friedhofsverwaltung nicht möglich, da Claudia ein *Reihen*grab hatte. Ein *Familien*grab, in dem beide Platz gehabt hätten, ist aber zu teuer, ganz abgesehen davon, daß eine dann erforderliche Umbettung von Claudia nicht statthaft gewesen wäre. Daß in einem normalen Grab, in dem der Sarg 1,80 m unter der Erde liegt, kein zusätzlicher Platz für eine kleine Urne sein soll, ist ja nicht zu fassen. Die Vorschriften der Friedhofsverwaltung sind oft genauso zum Heulen wie die der Sozialämter.

*

Warum weinen wir eigentlich beim Tod eines geliebten Menschen? Wir glauben doch, daß es ihm drüben viel besser geht. Wir weinen ihm nach und beweinen uns selbst, weil wir ohne ihn zurückbleiben. Zu guter Letzt aber wird Gott abwischen all unsere Tränen, und wir werden unsere lieben Verstorbenen wieder sehen. Dann werden wir miteinander weinen vor Freude.

# Und wie

Heute ist es heiß.
    Und wie.

Ist ja auch Sommer.
    Eben.

Ich muß dich was fragen.
    Was denn?

Aber es bleibt unter uns.
    Sowieso.

Stimmt denn das?
    Was?

Das mit dem Dings da.
    Ah das.

Hätte ich nie gedacht.
    Tja.

Das gibt's nicht.
    Doch.

Bist du ganz sicher?
    Und ob!

Ich hatte immer gedacht…
    So so.

Und was sagst du dazu?
    Naja.

Aber stell dir das mal vor.
    Was?

Ja, das mit dem Dings da.
    Ach das da.

Es ist nicht zu fassen.
    Was soll's?

Und das sagst du!
    Ja, und.

Regt dich das denn nicht auf?
    Schon.

Du, ich kann dir sagen.
    Sag bloß.

Mir fehlen die Worte.
    Wirklich?

Ich bin außer mir.
    Meinst du.

Und du bleibst ganz ruhig.
    Von wegen.

Aber du sagst nichts.
    Dabei rede ich schon die ganze Zeit. Und wie!

# Klasse
# Super
# Irre

Das Auto fährt klasse. Die Hose sitzt klasse. Der Hamburger schmeckt klasse. Der Lehrer ist wirklich klasse. Und der Typ mit den roten Haaren findet die zwei grünen Zöpfe der Tanja einfach klasse. Alle reden von klasse, und das in einer Gesellschaft, in der es verpönt ist, von Klasse auch nur zu sprechen. Aber es gibt sie immer noch, die Klassenunterschiede, nicht nur im Zug oder im Flugzeug. Im Krankenhaus werden Patienten erster Klasse immer noch besser behandelt. Dagegen fühlen sich Sozialhilfe-Empfänger, Gefangene, psychisch Kranke oft wie Menschen dritter Klasse. Unsere klassenlose Gesellschaft ist noch längst nicht klasse.

*

Im Supermarkt gibt es Superangebote zu Superpreisen. Der Superhit der Woche ist echt super und wirklich superpreiswert. Und dazu noch das Superspiel mit Supergewinnen. Einfach super!

Und dann noch das Super-Pils zum Supersparpreis: Nur 14,80 DM statt 19,80 DM! Erst nach der zweiten Flasche kommt es mir: Je mehr ich trinke, desto mehr spare ich. Und ich Trottel, ich habe nur einen Kasten gekauft.

*

Es gibt nicht nur Jesus-Super-Star, es gibt auch Super-Katholiken: Sie sind noch päpstlicher als der Papst. Und natürlich gibt es das Super-Weib mit einer Superfigur und Supermaßen. Aber es gibt auch den Super-Mann: 90 – 60 – 40: Der Mann ist 90 Jahre, hat 60 Millionen auf der Bank und hat 40 Grad Fieber. Diesen Witz findet die Super-Feministin mega-in.

*

Das weißeste Weiß ist noch nicht weiß genug. Das neue Waschmittel wäscht super-ultra-weiß.

Wir übernehmen die Sprache der Werbung und reden fast nur noch in Superlativen. Manche nennen es super, andere spitze, wieder andere irre. Die Jungen finden es voll geil, und die Kids oberaffengeil. Ist das nicht toll?

*

Ein Stück aus dem Tollhaus: Irren ist menschlich, aber wehe dem Menschen, der irre wird. Er kommt in die Klapse, ein beklopptes Wort. Wir machen Witze über die armen Irren. Wahnwitzig ist aber, was wir alles wahnsinnig und irre nennen. Und wie oft reden wir von Wahn- und Irrsinn! Unser Sinn für das Irre ist nicht normal. Und was wir als normal bezeichnen, erscheint nicht nur den Irren verrückt. Vielleicht ist unser Wortschatz so wahnsinnig, weil wir Normale irre oder normale Irre sind.

*

Du brauchst nur das Produkt zu kaufen,
und schon ist dein Problem gelöst.

Du brauchst nur die Tabletten zu schlucken,
und schon sind deine Beschwerden vorbei.

Du brauchst nur *das* noch zu haben,
und schon bist du glücklich.

Du brauchst nur zu glauben,
und schon bist du betrogen.
Nicht wahr?

# Das ist doch verrückt

Das ist doch verrückt, daß Pino und Susanne sich kirchlich trauen lassen. Schließlich haben die beiden schon große Kinder. Und als dann die Braut noch ganz in Weiß vor den Altar tritt, sind sich alle einig: ein verrücktes Paar!

Ja, die Liebe macht die Menschen verrückt. Wenn zwei sich lieben, rücken sie ab vom „Normalen", von den Normen. Durch die Liebe werden Grenzen gesprengt.

– Da liebt ein Deutscher eine Türkin.
– Da heiratet eine schwäbische Bauerntochter einen Schwarz-Afrikaner.

– Da ist die bessere Hälfte eines evangelischen Vikars katholisch.
– Da tritt ein junger Mann mit einer Frau vor den Altar, die seine Mutter sein könnte.
– Da leben zwei Männer wie ein normales Paar zusammen und möchten heiraten.
– Da gibt eine Frau einem Frauenmörder ihr Jawort.
– Da hat ein Bischof eine Geliebte. Als sie von ihm ein Kind erwartet, steht er zu ihr – und nennt sich einen Versager. Das ist erst recht verrückt!

Alter – Aussehen – Konfession – Ansehen … alles rückt in den Hintergrund, wenn zwei sich richtig lieben. Und darum ist es ganz normal, daß viele Paare verrückt erscheinen.

Ein verrücktes Paar sind auch Mensch und Computer. Die beiden teilen Freud und Leid miteinander und lieben sich überall: im Büro, im Wohnzimmer, im Hotel, in der Bahn, im Flugzeug … Der Computer weiß, daß die Liebe durch den Magen geht, und serviert dir ein Menü, das immer mehr Appetit macht. Der PC hat immer Zeit für dich und spielt nicht nur Schach mit dir, so oft du willst. Er kennt keine Eifersucht und hilft dir sogar, im Internet einen anderen Partner zu suchen.

Der Computer ist nur *eine* Form der alten Liebe zwischen Mensch und Maschine, die immer wieder neu aufblüht. Seit langer Zeit schon hängt das Herz des Menschen an der Maschine. Mit ihr hat er schon viele Grenzen verrückt: noch schneller, noch weiter, noch höher. Der Mensch schiebt mit seinen Maschinen und Geräten auch die Grenze des Lebens immer weiter hinaus. Wenn es um Lebensverlängerung geht, kennen viele Mediziner keine Grenzen. Da wird einer 97jährigen Frau nach einem Herzstillstand vom Arzt im Pflegeheim ein Luftröhrenschnitt gemacht. Anschließend kommt sie ins Krankenhaus und wird künstlich beatmet. Immer mehr Menschen versuchen sich mit Patientenverfügungen gegen die grausame Apparate-Medizin zu wehren, um ihr am Ende ihres Lebens nicht völlig ausgeliefert zu sein.

Die Krankheit Aids zeigt der Maschinen-Medizin ihre Grenzen und rückt unseren naiven Fortschrittsglauben zurecht. Es gibt Grenzen, da kann der Mensch nichts mehr machen und der Arzt nicht länger lieber Gott spielen. Es ist schon verrückt, daß der Homo sapiens durch einen Knopfdruck Milliarden Menschen vernichten kann, aber nicht in der Lage ist, so ein kleines Virus zu töten.

Ein verrücktes Paar sind auch die Worte *verrückt* und *verzückt.* Wenn junge Leute bei Techno-Musik außer sich geraten, heißt es, sie seien verrückt. Wenn Mönche bei Gregorianischen Gesängen in Ekstase geraten, sagt man, sie seien verzückt. Und wenn dann die alten Choräle mit Techno-Rhythmen abgemischt werden und die ganze Gemeinde in einer Kirche entzückt zuckend tanzt, da gibt es nur noch ein Wort: verrückt!

# Gas geben

Wie geht's? In dieser rasanten Zeit geht's uns zu Fuß viel zu langsam. Wir setzen uns ans Steuer und fahren los. Und die Sprache fährt mit dem Auto automatisch mit. Als ich meinen Nachbarn frage, wie es ihm geht, antwortet er: Ich komme heute nicht in die Gänge.

Vor allem junge Leute fahren auf die Auto-Sprache ab und lassen manchen abfahren: Du hast wohl ein Rad ab, was? Wir sagten früher: Bei dem ist ein Rad locker. Das ging noch. Aber wenn ein Rad am Wagen ab ist, geht nichts mehr. Ja, die jungen Leute kennen keine

Gnade: Wenn meine Oma Räder hätte, wär sie ein Omnibus. Aber auch mancher Vater kann seinen Sohn nicht mehr verstehen: Hey, Alter, deinen neuen Vierradjet find ich echt geil, eh! Der düst durch die Pampa wie Sennas Luxusschlitten.

Ältere Leute fühlen sich oft wie das fünfte Rad am Wagen. Manche reden so, als seien sie selbst eine Blechkiste: Bei mir ist der Lack ab. Bei mir ist die Luft raus.

Nicht wenige sehnen sich zurück nach der guten alten Zeit der Oldtimer. Damals gab es kaum Autos, und Stau war noch ein Fremdwort. Heute ist der Stau unumgänglich, und wir erfinden immer neue Wörter, um den Stau zu umgehen: stockender Verkehr, Streckenüberlastung, starkes Verkehrsaufkommen, Kolonnenverkehr, Schrittempo, zähfließender Verkehr … Aber oft geht nichts mehr: Da steht ein Porsche hinter einer Ente, eine Nobelkarosse hinter einer Schrottkiste. Warum fahren so viele zum Stau? Das fragen nicht nur Kinder. Im Nu staut sich eine Menge an. Manche verlieren die Nerven, fangen an zu hupen. Andere steigen einfach aus oder gehen in die Luft. Ja, so eine Blechlawine kann einen schon auf hundertachtzig bringen. Früher sagte man: Auf hundert oder auf achtzig bringen. Ja, das waren noch Zeiten, als 80 Stundenkilometer die höchste Geschwindigkeit war, die ein Auto erreichen konnte.

Inzwischen haben die Autos mehr als 100 PS, und wir fahren immer schneller in den Tod. Hier und dort sehen wir am Straßenrand ein kleines Kreuz mit einem Namen. Kurz nehmen wir den Fuß vom Pedal, fahren vorüber und geben wieder Gas. Wir denken, das Auto im Griff zu haben, und lenken mit links. Viele haben in der rechten Hand ein Handy oder ein Telefon. Damit spielen sie auch mit dem Leben der anderen. Oft ist auch Alkohol im Spiel. Fast jeder zweite Tote auf der Straße ist eine Alkoholleiche. Nicht nur im Wilden Süden herrschen rohe Sitten zwischen den Asphaltcowboys. Überall wird gedroht, genötigt, gedrängelt. Wehe dem, der nicht einlenkt! Die Autobahn ist ein Kampfplatz, und nach einem Unfall sieht es manchmal aus wie auf einem Schlachtfeld.

Jedes Jahr kommen Tausende von Frauen und Männern unter die Räder, aber wir rollen darüber hinweg. Jeden Monat liegen in unserem Land 50 Kinder tot auf der Straße, aber wie fahren darüber hinweg. Jeden Tag berichtet die Zeitung von schweren Unfällen, aber wir lesen darüber hinweg.

Das Auto ist unser goldenes Kalb. Ihm opfern wir Jahr für Jahr die Einwohner einer Kleinstadt. Hinzu kommen die unzähligen Tiere, die dem „heilix Blechle“ zum Opfer fallen. Wir bringen große finanzielle Opfer für unsere Blechkiste, und für die Reparatur unseres Autos blechen wir einen weitaus höheren Stundenlohn, als eine Krankenschwester verdient. Nicht nur der Obdachlose vor dem Parkhaus denkt manchmal: Ein Auto müßte man sein. Auch unsere Kleinen schauen voller Neid auf unser liebstes Kind.

Das Auto hat immer und überall Vorfahrt. Wald und Wiesen müssen ihm weichen. Unsere heilige Kuh kennt kein Stoppschild und macht vor nichts und niemandem Halt, auch nicht vor Gott. Er ist für viele ohnehin ein auslaufendes Modell, oder wie die Jesus-Freaks sagen: Gott ist ein ziemlich abgefahrener Typ.

# Voll drauf

In der Zeitung lese ich, daß der Stuttgarter Stürmer Fredi Bobic zur Zeit voll drauf ist. Ich bin an diesem Morgen auch gut drauf. Aber ich werde heute einigen begegnen, die ganz mies drauf sind. Auf der oberen Königstraße treffe ich Uwe, der schon wieder voll drauf ist, obwohl er erst vor ein paar Tagen aus dem Knast in Rottenburg entlassen wurde. Auch Astrid ist nach langer Zeit wieder da und erzählt mir ihre Geschichte: Nach der Therapie arbeitete ich zunächst in einem Restaurant. Der Chef wollte einen Gesundheitspaß. Aber ich bin doch HIV-infiziert. Danach fand ich einen Job als Bedienung in einem Café, aber da rief jemand anonym beim Besitzer an und sagte, daß ich drogenabhängig sei. Sofort wurde ich entlassen, ich war ja noch in der Probezeit. Dann kam ich wieder mit Leuten in Berührung, die drauf sind. Ich sagte mir: Wieso sollst du dich um ein neues Leben bemühen, es werden einem doch nur Steine in den Weg gelegt. Dann fing ich wieder an mit den Drogen, und nun bin ich wieder drauf.

Astrid und Uwe sind zwei von den rund 2500 jungen Frauen und Männern in Stuttgart, die es nicht schaffen, von der Droge loszukommen. Sie sind fixiert auf die Fixe und hängen fest am Kreuz ihrer Sucht. Abgemagert, ausgemergelt hängen sie da, mit leeren Augen voller Sehnsucht nach dem Paradies. Mit einem Schnell-Schuß sind sie high, schweben auf einer Wolke, weit, weit weg von ihrem Golgotha. Nach kurzer Zeit finden sie sich unten wieder und sind noch mieser drauf als vorher. Die Angst vor den Qualen des Entzugs treibt sie zum nächsten Schuß, der tödlich sein kann. Jedes Jahr werden allein in der Bundesrepublik nahezu 1500 Drogenabhängige von ihrem Kreuz abgehängt.

Aber nicht nur Drogenabhängige sind elend drauf, auf ihrem Kreuz: kranke, einsame, depressive Menschen. Sie hängen durch. Andere versuchen sie hochzuziehen: Kopf hoch! Nur Fledermäuse lassen sich hängen. Aber solche Sprüche führen nur dazu, daß manche dann erst recht den Kopf hängen lassen.

Die aidskranke Monika hat das Gefühl, daß sie ans Kreuz genagelt wird. Nicht wenige Frauen, Männer und Kinder sind festgenagelt auf dem Kreuz einer unheilbaren Krankkeit. Krebskranke, die ihre Glieder nicht mehr rühren können. Ihre Angehörigen und Freunde möchten ihnen Mut machen: Es wird schon wieder! Bald geht's wieder aufwärts! Aber solch gutgemeinte Worte sind oft nur ein Ausdruck des eigenen Wunschdenkens. Weil wir nicht annehmen und wahrhaben können, daß es nicht mehr besser wird, wünschen wir auch noch einem Todkranken gute Besserung. Auch Bibelverse vermögen die Gekreuzigten nur selten aufzurichten. Es ist oft besser, schweigend unter dem Kreuz auszuharren, als etwas zu sagen. Ich sehe immer noch die Worte, die Suzy unter ein Bild neben ihrem Bett geschrieben hatte. Wenn ihr nichts zu sagen habt, seid still, seid bitte still. Suzy selbst richtete sich an dem Gekreuzigten auf.

Auch wenn über unserem Bett noch kein Galgen hängt, sind wir trotzdem alle gekreuzigt, ausgespannt in vier Richtungen: nach oben, nach unten, nach rechts und nach links. Auf der einen Seite ist unser Herz. Dem steht auf der anderen Seite die Vernunft gegenüber. Wir möchten vernünftig sein, aber wir folgen oft unserem

Gefühl. Wir werden hin- und hergerissen von Gut und Böse, von Liebe und Haß, von Ja und Nein. Das Hin und Her zerreißt uns. Der Riß geht durch unsere Seele hindurch.

Wir streben nach oben und wollen hoch hinaus. Wir fühlen uns hingezogen zu Höherem, aber gleichzeitig zieht es uns nach unten, in den Abgrund. Es gibt so vieles, was uns herunterzieht und uns daran hindert, über uns selbst hinauszuwachsen.

So hängen wir da, zwischen Himmel und Erde, festgenagelt auf unser Kreuz. Wohl wissend, daß auch wir von unserem Kreuz nicht loskommen, möchten wir wenigstens gut drauf sein.

# Schwein gehabt

Alles fing damit an, daß ich das Programm der Volkshochschule durchblätterte. Kurse für Kochen, Malen, Meditieren, Gehirn-Jogging, Bach-Blüten-Tänze, Fastenkurse und dann die vielen Sprachkurse. Chinesisch für Anfänger, Russisch für Fortgeschrittene, Deutsch für Ausländer … Und auf der letzten Seite: Deutsch für Deutsche. Keine Rechtschreibung, keine Grammatik, ein tierischer Kurs. Dozentin Frau Dr. Ursula Geier. Kurz entschlossen meldete ich mich an.

In der 1. Stunde kam Frau Doktor mit einem Sack herein und sagte: Liebe Tierfreunde. Sie haben alle schön brav die Kursgebühr überwiesen, ohne zu wissen, um was es hier eigentlich geht. Sie haben die Katze im Sack gekauft. Ihnen ergeht es so wie dem unachtsamen Käufer auf dem Markt, dem man anstelle des bezahlten Ferkels, Hasen oder Kaninchens eine wertlose Katze in den Sack gesteckt hatte. Ich lasse jetzt die Katze aus dem Sack und sage Ihnen klipp und klar, daß Sie hier nichts lernen – außer Tierischem. Wenn jemand heute sagt, er möchte keine Katze im Sack kaufen, spielt er damit auf die sog. Probenächte an. So heißt es auch in der Literatur: Warum ziehst du nicht die Hosen aus, Süßer … man kauft nicht gern die Katze im Sack. Die ganze Stunde noch spielte Frau Dr. Geier Katz und Maus mit uns. Zum Schluß sagte sie: Sie brauchen nächstes Mal nicht wieder zu kommen. Aber dann war die Kursgebühr für die Katz'.

Die nächste Stunde begann mit einer Übung: Jeder sollte seinem Nachbarn den Vogel zeigen. Meine Nachbarin fand das gar nicht lustig und fragte, ob ich einen Vogel habe. Wenn Sie meinen, antwortete ich, aber Sie haben wohl eine Meise. Da sagte die mir doch: Sie haben wohl nicht alle Tassen im Schrank. Zum Glück schaltete sich Frau Dr. Geier ein und wies meine Nachbarin zurecht: Sie sind zu weit gegangen. In diesem Kurs geht es ausschließlich um Tierisches in unserer Muttersprache. Früher glaubten die Menschen, daß Geistesgestörtheit durch Tiere verursacht wird, so auch durch Vögel, die im Gehirn des Menschen nisten. Sie hätten also sehr wohl zu Ihrem Nachbarn sagen können: Sie haben Mäuse im Kopf, oder: Sie haben Grillen im Kopf! Alle lachten. Wütend sagte ich: Frau Dr. Geier. Jetzt haben Sie den Vogel abgeschossen. Das ist richtig, antwortete sie, aber wissen Sie auch, woher das kommt? Ich war außer mir: Bei Ihnen piept's wohl?! Weiß der Kuckuck, woher das kommt! Da fuhr Frau Doktor mich an: Zum Kuckuck nochmal. Ich lasse mich von Ihnen hier nicht zur Schnecke machen, und von so einem schrägen Vogel wie Ihnen schon gar nicht. Mein lieber Schwan! Merken Sie sich das: Ich bin hier die Dozentin, und als solche kann ich mich nicht wie eine Schnecke in ihr Haus verkriechen. Meine Aufgabe ist es, das Tier im Menschen herauszufordern und es zur Sprache zu bringen. Und ich sage Ihnen, ich werde zum Tier, wenn ich die Beherrschung verliere. Am liebsten hätte ich die Sau rausgelassen, aber ich blieb ganz ruhig und gab die ganze Stunden keinen Pieps mehr von mir.

Ich hatte den Kurs längst tierisch satt und wollte mich nicht länger wie ein Stück Vieh behandeln lassen. Trotzdem ging ich wieder hin. Weiß der Geier, warum. In der nächsten Stunde saß ich da wie ein begossener Pudel. Meine Nachbarin, Frau Vogel mit der Meise, hatte sich weit weg von mir gesetzt, und auch die anderen Teilnehmer blieben deutlich auf Distanz. Zu Beginn der Stunde fragte Frau Dr. Geier mich, wie ich mich denn so fühle. Ich sagte: Ich bin hier das schwarze Schaf der Gruppe. Und woher kommt das? wollte sie wissen. Aus der Bibel, sagte ich. Im 1. Buch Mose heißt es: Ich will heute durch alle deine Herden gehen und aussondern alle gefleckten und bunten Schafe und alle schwarzen Schafe. Sichtlich beeindruckt fragte Frau Doktor: Sind Sie vielleicht Theologe? Oder Pastor, also Schafhirte? Ich antwortete: Ich lasse mir von Ihnen doch nicht die Würmer aus der Nase ziehen. Interessant, sagte Frau Doktor. Früher glaubte man, daß die Krankheiten von wurmförmigen Dämonen verursacht wurden. Auf den Jahrmärkten behaupteten Quacksalber, Schwermütige dadurch heilen zu können, daß sie ihnen die Würmer durch die Nase aus dem Gehirn zogen. Mein Gott, wie die Frau mich wurmte! Dabei war sie eigentlich nur eine graue Maus. Ich aber war das schwarze Schaf. Zu mir gewandt, sagte Frau Dr. Geier: Was manche Pastoren nicht wissen: In einer Schafherde sind die schwarzen und die gefleckten Schafe weniger erwünscht, weil man einheitlich weiße Wolle gewinnen möchte, die sich bei weiterer Verarbeitung nach Wunsch färben läßt. Ich wollte ihr die

Hörner zeigen, aber ich hatte keine Lust, mich mit so einem Schafskopf in die Wolle zu kriegen. Auch als Frau Doktor mir die Krallen zeigte, war ich mucksmäuschenstill und blieb stumm wie ein Lamm, das zur Schlachtbank geführt wird. Ich dachte nur: Du blöde Ziege!

In der letzten Stunde wurde ich von Frau Doktor mit verbiesterter Miene saumäßig schwer geprüft. Ich Pechvogel war der einzige, der die Prüfung nicht bestand. Trotzdem bekam ich von Frau Dr. Geier ein Schwein aus Marzipan. Tröstend fügte sie hinzu: Im Mittelalter war es üblich, dem schlechtesten Schützen bei Wettkämpfen als Trostpflaster ein Schwein zu schenken. So bekommen Sie das Schwein, obwohl Sie es eigentlich nicht verdient haben. Da konnte ich nur noch sagen: Schwein gehabt.

# Du dumme Kuh

Wenn wir Menschen einander beschimpfen, benutzen wir vielfach Tiernamen, schimpfen damit eigentlich auf Tiere. Zum Glück können sie uns nicht Paroli bieten, sonst müßten wir uns einiges anhören.

Du Affe! Wie bitte? Wie redest du eigentlich über deine älteren Geschwister!? Du weißt doch, daß wir die gleichen Großeltern haben. Du nennst dich Homo sapiens, Krone der Schöpfung. Aber wenn ich dich im Zoo vor meinem Käfig stehen sehe, merke ich erst, wie nahe du mir stehst, du Affenmensch. Und wenn ich dann noch deine Grimassen betrachte, denke ich: Der Typ ist affengeil!

Blöder Hund! Ist das der Dank, daß ich dir so treu bin?! Ihr Menschen haltet es oft nicht lange miteinander aus, darum seid ihr auf den Hund gekommen. Merkt ihr denn nicht, daß wir für euch meist nur ein Ersatz für menschliche Partner sind? Wieviel einsamer wäret ihr ohne uns! Mein lieber Hunde-Herr, jetzt laß dir mal von mir was sagen! Du würdest eingehen in deinen vier Wänden, wenn du mit mir nicht Gassi gingest. Du führst mich brav an der Leine und läßt mich ab und zu mal auf einen anderen Hund los. Traust du dich vielleicht nicht, selbst dessen Herrchen oder Frauchen zu beißen? Ich muß dir blind gehorchen, da sonst niemand mehr auf dich hört. Und wenn ich armer Hund nicht gleich angerannt komme, bellst du mich an. Du blöder Hund.

Dumme Kuh! Was sagst du da? Du fütterst mich mit Hormonpräparaten, obwohl du weißt, wie ungesund das ist. Du ißt mein Fleisch und wirst krank. So dumm ist keine Kuh! Seit Generationen werden wir Kühe nur noch künstlich befruchtet. Das macht uns wahnsinnig. Ihr Menschen redet von Rinderwahn. Wir aber sagen euch: Menschenwahn sind eure Mastboxen. Sie machen jede von uns verrückt! Ihr Menschen leidet an Größenwahn und glaubt, daß euch die Schöpfung gehört. Eure Tiertransporte und Schlachthöfe sind für uns der reinste Wahn. Wenn ihr doch nur *einmal* sehen würdet und fühlen könntet, was unsereins gelitten hat, bis wir auf euren Teller kommen! Dann würde auch das feinste Filet euch nicht mehr schmecken, und ihr wäret geheilt von eurer Fleischgier. Menschenskinder! Hört doch endlich auf, uns abzuschlachten; denn solange es Schlachthöfe gibt, wird es auch Schlachtfelder geben (Tolstoi). Wer das gesagt hat, war kein Rindvieh.

Dreckschwein! Ich glaube, ich höre nicht recht! Du schleuderst mit deinem Karren einen Haufen Dreck durch die Gegend. Du verpestest die Luft, vergiftest den Boden und verseuchst das Wasser. Du verwüstest die Welt und kümmerst dich einen Dreck darum. Unzählige Müllberge sind auf deinem Mist gewachsen. Mensch, *du* bist nicht sauber, wenn du mich ein Dreckschwein nennst!

Doofe Gans! Das sagst du, weil ich so schnattere. Ihr Menschen solltet froh sein, daß ihr miteinander reden könnt. Aber ihr redet fast nur übereinander! Euer Gerede ist auch nicht besser als unser Geschnatter. Ihr schwätzt und lästert und macht euch lustig über die dumme Gans, die anscheinend so blöde und eingebildet ist. Aber an eurem höchsten Fest wollt ihr die Gans in der Pfanne haben. Ich finde das gar nicht albern.

Du bist ein Esel! Damit beleidigst du mich, der für dich schon so viele schwere Lasten getragen hat. Du spottest über mich, weil ich in deiner Rangordnung der Tiere ganz unten stehe. Aber der Heiland der Welt saß beim Einzug in Jerusalem auf meinem Rücken. Auch er wurde verspottet und später alle, die an den „Esel" am Kreuz glaubten. Du machst dich lustig über meine langen Ohren. Ja, ich höre alles, was du lächerlich machst. Aber ich höre dich nicht lachen und sehe nur, wie tierisch ernst du schaust. Weißt du denn nicht, daß lachen gesund ist? Ich kann es dir leider nicht beibringen, weil ich eben ein Esel bin!

Liebe Schwestern und Brüder! Vielleicht ist euch das Lachen vergangen, wenn ihr uns hier so reden hört. Aber was müssen wir Affen, Hunde, Kühe, Schweine, Gänse, Esel, Ochsen, Kamele, Elefanten und anderen Kreaturen uns nicht alles von euch anhören! Tierisch Bock haben, ist noch harmlos im Wortschatz eurer Null-Bock-Generation. Das Wort tierisch ist für euch fast immer etwas Schlechtes und das Wort menschlich stets etwas Gutes. Dabei seid ihr Menschen die schlimmsten Raubtiere. Ihr raubt den Ärmsten der Armen noch ihre Nahrung, um uns zu mästen. Eure Schlachthöfe und Schnitzelfabriken sind nicht bestialisch, sondern menschlich. Beendet doch endlich eure unmenschlichen Tierversuche, und versucht vielmehr, Mensch zu werden! Das raten euch dringend eure Tierfreunde, die ihr so oft beschimpft. Aber das verstehen wir, denn wir Viecher sind auch nur Menschen.

# Das ist mir egal

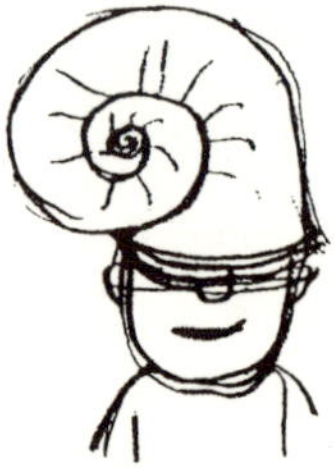

Am 2. Januar bricht Jörg mittags an der Bushaltestelle vor seiner Wohnung zusammen. Mehrere Passanten sehen ihn liegen, gehen aber an ihm vorüber. Und auch die Autofahrer, die den hilflosen Mann bemerken, fahren weiter. Sie denken wahrscheinlich: Der wird wohl betrunken sein. Mehr als eine halbe Stunde liegt Jörg auf der Straße, ohne daß ein Mensch nach ihm schaut. Und das am hellichten Tag! Als dann endlich doch ein barmherziger Samariter den Krankenwagen ruft, kommt jede Hilfe zu spät.

Auf Jörgs Sterbeurkunde steht als Todesursache Herzversagen. Versagt haben vielmehr die lieben Mitmenschen. Ihre Herzlosigkeit kostete Jörg das Leben. Auf der Straße von Jerusalem nach Jericho kommen mehr Menschen durch die Gleichgültigkeit der Passanten ums Leben als durch Raub, Mord und Totschlag, über die die Zeitung immer schreibt.

Die Gleichgültigkeit steht in vielen Gesichtern geschrieben. Und immer öfter heißt es: Das ist mir doch egal! Das ist mir wurscht! Was juckt mich das!

Vieles ist uns gleichgültig, bis es uns gilt, wir selbst betroffen sind. Betroffen sind wir immer erst, nachdem es uns getroffen hat. Oder wenn „mein" davorsteht, wie mir einmal die Mutter einer Drogenabhängigen treffend sagte.

Es könnte auch Ihre Tochter sein! steht auf einem Auto-Aufkleber. Das stimmt. Es könnte auch meine Tochter sein, die an der Nadel hängt, magersüchtig ist, im Gefängnis sitzt, im Frauenhaus lebt, vergewaltigt, ermordet wurde …

Es könnte auch meine Tochter sein! Das weiß auch eine Mutter, die vermutet, daß ihre Tochter mit Drogen in Berührung gekommen ist. Die Frau macht regelmäßig ein Paket für die drogenabhängige Manuela und schreibt ihr dazu ein paar liebe Zeilen. Manuela kann nicht verstehen, daß eine fremde Frau das für sie tut und ihrem Betreuer auch noch Geld für Schuhe und Kleidung gibt. Sie sagt: Allen andern ist es doch auch egal, wie es mir geht.

Solidarität und Hilfsbereitschaft werden bei uns so kleingeschrieben, weil wir uns oft nicht vorstellen können: Ich könnte der andere sein. Ich könnte an seiner Stelle stehen in der Schlange der Arbeitslosen oder am Schalter der Armenküche. Ich könnte in der Fußgängerzone sitzen mit dem Pappschild: Ich habe Hunger und bitte um eine milde Gabe. Vergelt's Gott!

Am Krankenbett von Gerd wurde mir plötzlich klar, auch ich könnte da liegen. Gerd ist genauso alt wie ich. Warum hat er Nierenkrebs? Warum nicht ich? Wenn ich weiß, daß ich in der Lage des anderen sein könnte, kann ich nicht sagen: Es ist mir egal, wie es ihm geht. Es ist mir wurscht, wie man mit ihm umgeht.

Viele Frauen und Männer stehen dem Leid ihrer Mitmenschen nicht gleichgültig gegenüber und sind hilfsbereit. Ich denke an Jörgs Mutter Lisa und an Ruth, die ihr Kind verloren hat. Beide besorgen einem älteren Strafentlassenen einen Tisch, einen kleinen Schrank, ein wenig Geschirr und einen Heizofen. Als der Mann krank wird, waschen und bügeln sie seine Wäsche. Der Mann kann es nicht fassen, daß es auch noch solche Menschen gibt. Nicht wenige Aidskranke sagen: Ich bin durch meine Krankheit so vielen lieben Menschen begegnet, die ich sonst nie kennengelernt hätte. Ja, es gibt sie immer noch: Menschen, die einfach helfen. Manche mögen darüber den Kopf schütteln, aber das ist Lisa und Ruth und den vielen anderen egal.

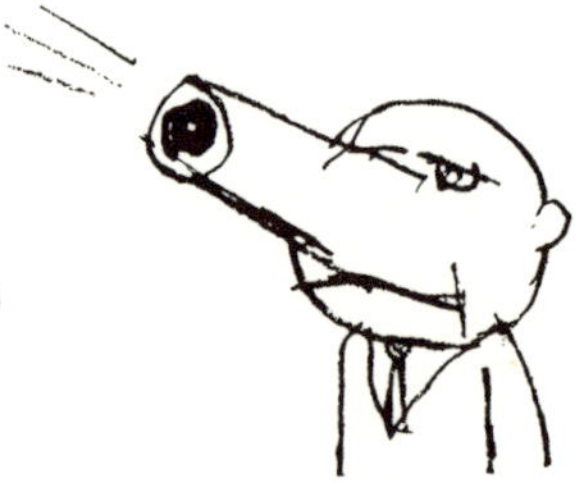

# Unter aller Kanone

Es ist schön, wenn zwei Menschen miteinander über alles reden können. Noch schöner ist, wenn sie einander alles sagen können. Sie haben kein Geheimnis voreinander und können auch zugeben: Ich habe Angst.

Aber nur wenige sind so offen zueinander. Wir verschweigen oft, was wir wirklich denken und fühlen. Wir können stundenlang miteinander reden, ohne unserem Gesprächspartner auch nur den geringsten Einblick in unser Innenleben zu geben. Wir bleiben sachlich und finden es nahezu peinlich, wenn jemand persönlich wird.

Wir reden nur selten darüber, wie wir uns im Umgang miteinander fühlen und was wir übereinander denken. Wir verschließen uns voreinander und bauen immer wieder mit Worten eine Mauer auf, hinter der wir uns verstecken. Meist reden wir über das hinweg, was unausgesprochen zwischen uns steht.

Manchmal können wir aber das gegenseitige Versteckspiel nicht länger ertragen. Wir kommen aus unserer Stellung hervor und sagen dem anderen so richtig die Meinung.

Manchmal spricht unser Gegenüber uns offen auf etwas ganz Bestimmtes an, doch wir mauern und machen dicht. Wir lassen nichts heraus und blocken ab. Wenn der andere uns schließlich provoziert und uns hinter unserer Mauer hervorruft, sagen wir: Das geht dich nichts an. Darüber möchte ich nicht reden.

Zuweilen verstecken wir uns hinter einem anderen, einem Höheren: Der hat das gesagt. Vielfach verschanzen wir uns hinter einem großen Gebilde, das da heißt: der Staat, die Gesellschaft, die Kirche, die Tradition. Wir sagen: Das war schon immer so. Das ist halt so. Nur selten fragen wir: Halt! Warum ist das so? Muß das wirklich so sein?

Oft sagen wir, was *man* so sagt. Wir sprechen nach, was *man* uns in Funk und Fernsehen vorsagt oder was *man* uns in der Zeitung vorschreibt. Die mannshohe Mauer „man" war und ist für viele Frauen immer noch ein Stein des Anstoßes: Man, o Mann! Darum sagt die Frau von heute, was frau sagt. Sie denkt, was frau denkt. Und am liebsten wäre es ihr, wenn man sagt, was frau denkt, und man tut, was frau sagt.

Zwischen Mann und Frau kommt es manchmal zu einem Scharmützel: Ein Mann, ein Wort. Eine Frau, ein Wörterbuch. Doch es gibt auch Frauen, die zu ihrem Wort stehen, und Männer, die wie ein Buch reden. Oft genügt ein einziges Wort, und schon fühlt sich der andere angegriffen. Ab und zu geraten wir in die Schußlinie, weil wir nichts sagen. Bei einem richtigen Wortgefecht wird auf beiden Seiten scharf geschossen. Da werden Wortsalven abgefeuert, und so mancher Schuß geht nach hinten los. Nicht selten erfolgt der Angriff aus dem Hinterhalt. Manchmal bombardieren sich die Lager mit Vorwürfen, und es fliegen die Fetzen. Meistens wissen die Kriegsparteien ganz genau, womit sie einander treffen können. Ein Stich-wort genügt, um den anderen tief zu verletzen. Ein Volltreffer sind auch die Worte: Du bist schuld. Auch wenn der Vorwurf nicht zutrifft, er trifft dennoch immer.

In der Hitze des Gefechts fällt so manches Wort, und die Parteien tun gut daran, nicht jedes auf die Waagschale zu legen. Auch der heftigste Streit endet meist ergebnislos wie das Hornberger Schießen. Und wenn beide Seiten dann ihr Pulver verschossen haben, bleiben am Ende ein Haufen Worthülsen und ein paar verwundete Seelen zurück. Nicht selten wird auch schweigend der Krieg kalt weitergeführt. Aber manchmal wird um des lieben Friedens willen die weiße Fahne gehißt: Wollen wir uns nicht wieder vertragen? Komm, laß uns wieder gut sein miteinander!

Spätestens dann sehen beide Seiten meist auch ein, daß ihr Gefecht – wieder einmal – unter aller Kanone war, sub omni canone (auf deutsch: unter aller Bewertung). Diese Beurteilung gab einst ein Oberpfarrer seinen Schülern für eine miese Lateinarbeit. Sie war so schlecht, daß auch die schlechteste Note (pessime) noch zu gut war. Wenn zwei Leute sich bekriegen, verdienen sie dafür auch keine bessere Note als unter aller Kanone. Ich weiß, wovon ich rede.

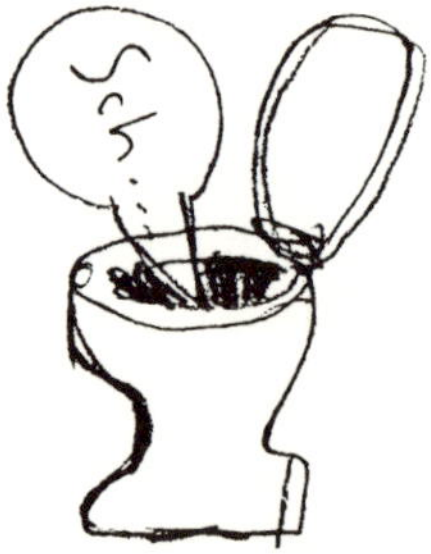


# Ich würde sagen

Wir täten gut daran, wie es Brauch bei einem Negerstamm ist, nur so lange zu reden, wie wir dabei auf einem Bein zu stehen vermögen. Dann würden wir wohl nicht so viele Worte machen und nicht so einen Salat zusammenreden. Meistens fangen wir beim Wetter an, reden über Gott und die Welt und vor allem über andere. Zwischendurch sagen wir auch mal etwas über uns. Doch wenn wir über andere reden, sprechen wir eigentlich auch über uns selbst. Worüber wir auch reden, wir mischen immer wieder Wörter zusammen, die nicht zusammenpassen: furchtbar nett, ungemein sympathisch, schrecklich schön, wirklich fantastisch, eklig süß, verdammt gut, unheimlich lieb... Trotzdem läuft es uns wie Öl herunter, wenn uns jemand sagt: Ich hab dich furchtbar gern.

Damit unser Wortsalat nicht so fade schmeckt, würzen wir ihm mit ein paar Witzeleien und pfeffern ihn mit einem pfiffigen Spruch. Manchmal rühren wir ihn mit ein wenig Sahne an: Ich würde sagen... Ich möchte meinen... Ich wage zu bezweifeln... Man könnte glauben...

Würde, möchte, könnte, dürfte, wollte... Unsere Sprache verrät uns. Wir sind unsicher. Manchmal sagen wir in einem Satz zweimal vielleicht, und auch die Mode-Wörter irgendwie, irgendwo, irgendwann zeigen, wie unsicher wir sind.

Trotzdem reden wir und reden wir und kommen nur selten ins Stammeln. Wir sind alle mehr oder weniger sprachgewandt und wortwendig. Manchmal drehen wir jemandem das Wort im Munde herum, manchmal wenden wir unsere Aussage so oft, daß wir am Ende selbst nicht mehr wissen, was wir eigentlich sagen. Das gibt dann einen schönen Salat.

Oft reden wir Wischiwaschi. Manchmal meinen wir genau das Gegenteil von dem, was wir sagen: Der kann mich gern haben. Die lieben Mitmenschen. Das kann noch schön werden. Manchmal betonen wir ausdrücklich, daß wir auch meinen, was wir sagen: Echt wahr. Wirklich wahr. Das stimmt tatsächlich. Wir reden auch von einem neuen Anfang, als ob ein Anfang nicht immer neu wäre.

Manch eine Aussage hat einen süß-sauren Beigeschmack: Ich meine es doch nur gut mit dir. Manch ein Wort stinkt, aber auch die Leute, die eine gewählte Sprache sprechen, kommen ohne „Scheiße" nicht aus.

In unserem Wortsalat verwenden wir auffallend viele negative Redewendungen, selbst dann, wenn wir etwas Positives sagen möchten: Ich bin nicht unzufrieden. – Mir geht es nicht schlecht. – Ich habe nichts dagegen.

Salat, Insalata, heißt eigentlich Gesalzenes. Aber unserem Wortsalat fehlt oft das Salz: ein klares Ja oder ein klares Nein. Stattdessen sagen wir: Ja, aber … Ja, wenn … Und nicht selten wird aus einem Ja oder Nein ein Jein.

Auch wenn wir die deutsche Küche bevorzugen, gibt es keinen Salat mehr ohne englische Sauce, eine Sauce à la McDonalds. Wir ernähren uns mit Fast-Food-Sprüchen und stopfen einander mit Sprechblasen. Unsere Sprachkultur ist weithin verlorengegangen, genauso wie unsere Eßkultur.

Die Franzosen sagen, daß die Liebe durch den Magen geht. Unser Wortsalat wirkt oft wie das neue Fett aus Amerika und flutscht einfach durch. Sch…, würde ich sagen.

# Irgendwie
# Irgendwo
# Irgendwann

Da kommen zwei von irgendwoher, und irgendwie kommen sie miteinander ins Gespräch.

Haben wir uns nicht irgendwo schon mal gesehen?
Ja, irgendwie kommen Sie mir auch bekannt vor.

Vielleicht sind wir uns irgendwann mal begegnet.
Aber wann?

Na ja, irgendwann.
Sie erinnern mich an irgend jemanden.

Ja, mir geht's irgendwie genau so.
    Gehen Sie etwa in die gleiche Richtung?

Nein, ich gehe woanders hin.
    Woanders geht keiner hin.

Wollen Sie damit irgend etwas Bestimmtes sagen?
    Wir alle gehen irgendwie den gleichen Weg.

Aber jeden zieht's doch woanders hin.
    Irgendwie schon, aber wir haben alle dasselbe Ziel.

Meinen Sie vielleicht: Alle Wege führen nach Rom?
    Nein, ja, vielleicht, eher hinauf auf Golgotha.

Ach, Sie sehen das Leben als Kreuzweg, sozusagen.
    Ja, irgendwie glaube ich das schon.

Glauben heißt nicht wissen, Herr …
    Wissmann heiße ich.

Herr Wissmann, ich weiß nur: So geht es nicht weiter.
    Irgendwie geht es immer weiter.

Mag sein, aber wie?
    Irgendwie eben, Herr …

Sicher ist mein Name.
Herr Sicher, irgendwo habe ich den Namen schon mal gehört.

Das kann durchaus sein, es gibt sicher viele.
Ich bin mir nicht sicher, ob wir uns nicht doch kennen.

Auf jeden Fall werden wir uns wiedersehen. Oder?
Irgendwann ganz sicher, Herr Sicher.

Aber wann wissen Sie nicht, Herr Wissmann?
Ach, das ist doch irgendwie egal.

Da haben Sie auch wieder recht, würde ich sagen.
Irgendwie, irgendwo, irgendwann trifft man sich immer wieder.

Genau das meine ich doch auch!
Also auf Wiedersehen, Herr Sicher!

Wenn Sie meinen, Herr Wissmann.

# Ade, tschüß und Auf Wiedersehen

Adele, mein Dorle, tschaule,

sagt er leise und gibt seinem Mäusle noch ein Küßle. Tschüßle, mein Schorschle, sagt sie zu ihrem Katerle und wünscht ihm noch ein gutes Nächtle! Wenn das kein nettes Pärle ist, na, dann gute Nacht und auf Wiedersehen!

*

Auf Wiedersehen! sage ich zu der Frau am Telefon. Ein schöner Versprecher. Ich habe sie noch nie gesehen, aber sie hat so eine warme Stimme. Ein Grund mehr, Auf

Wiederhören zu sagen. Aber ich möchte sie sehen. Gott weiß, wie sie aussieht.

*

Auf Wiedersehen! sage ich den Mitreisenden im Zugabteil. Dabei habe ich sie nicht mal angeschaut. Und auch im Aufzug sage ich oft Auf Wiedersehen zu jemandem, den ich gar nicht gesehen habe.

*

Die Sendung ist zu Ende. Der Fernsehstar verabschiedet sich vom Publikum im Saal unter anhaltendem Applaus und von den Millionen Zuschauern daheim: Auf Wiedersehen, Ade, tschüß, tschau, servus, bye-bye. Dann noch ein Winke-Winke, ein paar Bussis in den Saal, aber in Gedanken ist der Gute schon längst bei der Einschaltquote. Wieviele haben mich diesmal wieder gesehen? Denn davon hängt es ab, wie oft wir den Muntermacher noch auf der Mattscheibe wiedersehen.

*

Günter sagte nie Auf Wiedersehen. Er umarmte einen so fest, daß es nichts mehr zu sagen gab. Und auch sein Abschiedskuß drückte mehr aus als alle Abschiedsworte. Danach winkte er manchmal noch und sagte leise tschau, tschau.

Bevor Günter ins Aids-Hospiz nach Oberharmersbach kam, mußte er Abschied nehmen von seiner Wohnung und von allem, was ihm darin so lieb war: den von ihm bemalten Möbeln, seinen Bildern, seinen Pflanzen … Ich spürte, wie schwer Günter dieser Abschied fiel, und ich dachte, so wird es mir eines Tages ergehen, wenn ich ins Altersheim muß.

Im Haus Maria Frieden sah Günter nach fast 25 Jahren seine zwei Töchter wieder, die seit der Scheidung bei seiner Frau lebten. Bei meinem Besuch am 22. März war unser Abschied so innig, als ob wir beide spürten, daß wir uns nie wieder sehen würden. Als ich dann am 1. April wieder ins Hospiz kam, war Günter schon gegangen: ganz still und leise. So sah ich Günter auf dem Totenbett wieder: erlöst, sein spitzbübisches Lächeln um den Mund, den Kopf ein wenig schief, eine Orchidee in den Händen. Zum Abschied küßte ich Günter auf die Stirn und sagte meinem Freund Adieu, Gott schütze dich auf der großen Reise, auf deinem Heimweg.

Bei der Trauerfeier sangen wir vor Günters weißem Sarg das Lied, das er sich gewünscht hatte:

Nehmt Abschied, Brüder, ungewiß ist alle
Wiederkehr,

die Zukunft liegt in Finsternis und macht das
Herz uns schwer.
Der Himmel wölbt sich übers Land, ade, auf
Wiedersehn!
Wir ruhen all in Gottes Hand, lebt wohl, auf
Wiedersehn!

Ein paar Wochen später gingen wir hinter Günters Urne. Und wieder einmal sah ich, was von uns allen übrigbleibt: eine Handvoll Staub. Günters Urne wurde im Grab seines langjährigen spanischen Freundes José beigesetzt: Während beide sich jetzt wiedersehen, sagen wir voller Zuversicht: Günter, Auf Wiedersehen – bei Gott. Adios, ade oder einfach tschüß!

# Grufti, Komposti

Thomas ist erst 27 Jahre. Strahlend erzählt er mir, daß er nun endlich eine Wohnung hat, und: Neben mir wohnt eine alte Frau, die habe ich gestern besucht. Wie alt ist denn die Frau, frage ich. So vierzig, sagt er ganz trocken. Da muß ich erst einmal schlucken, bevor ich etwas sagen kann: Weißt du eigentlich, wie alt ich bin? Thomas lächelt: Ja, du bist ein Grufti. Das ist wohl einer, der in der Gruft liegt. Schöne Aussicht.

Thomas hat mir eigentlich noch sehr geschmeichelt, denn bereits ab dreißig gehört man zu den Gruftis. Ich bin schon ein Komposti, denn für die Kids scheint jeder Erwachsene über vierzig reif für den Komposthaufen zu sein. Immerhin noch wiederverwendbar, recyclebar.

Ich fühle mich noch lange nicht so alt, wie ich den Jungen erscheine. Aber auch wenn ich erst eine Teeny-Spätlese bin, stehe ich, Ober-Grufti, trotzdem der Gruft viel näher als ich es wahrnehme, wahrhaben will.

Selbst wenn jemand schon lange mit einem Bein in der Gruft gestanden hat, stehen die Angehörigen und Freunde des Verstorbenen oft fassungslos am Grab. Es ist nicht zu fassen.

Auch bei alten Menschen heißt es „plötzlich und unerwartet", als ob die Lebenserwartung ewig währt.

Wir verdrängen vielfach den Gedanken an den Tod. Weil wir nicht ans Sterben denken wollen, können wir auch nicht darüber sprechen. Wir verschweigen, schweigen tot, was todsicher ist.

Jugendliche hingegen bringen das Sterben sehr plastisch und drastisch zur Sprache: in die Kiste springen, die Augen auf Nullstellung drehen, 'nen Abgang machen, die Kurve kratzen … Wir Erwachsenen reden sehr viel schöner über das Sterben. Wir reden schön, was oft schrecklich ist: entschlafen, heimgehen, das Zeitliche segnen, bei Petrus anklopfen … Hübsch ist der Schweizer Ausdruck: Firabend mache. Und bei mancher Trauerfeier wird das Stück 's ist Feierabend gespielt. In Hamburg wünschen sich viele Hinterbliebene: Nimm mich mit, Kapitän, auf die Reise. Im St.-Pauli-Milieu heißt sterben: die schwarze Essensmarke kriegen. Andere sagen: sich die Radieschen von unten ansehen, ins Gras beißen oder den Löffel abgeben. Solche Redensarten eignen sich nicht für Grabreden und Nachrufe. Da wird meist umständlich um das tödliche Wort herumgeredet. Und auch die Todesanzeigen kennen das Wort „sterben" kaum.

Ich bin oft bei Menschen, die wissen, daß ihr Leben zu Ende geht. Sie können aber den Tod nicht beim Namen nennen und das Wort „sterben" nicht aussprechen. Trotzdem reden sie davon, aber in Traum-Bildern: die große Reise, die gepackten Koffer, der lange Tunnel, die Brücke über den Fluß, die verschlossene Tür, das Riesen-Raumschiff …

Wir reden meist nur vom Tod der anderen. Laßt uns auch über unser Ableben sprechen, und lernen wir rechtzeitig, das Wort „sterben" auszusprechen. Damit fängt das Einüben ins Sterben an. Schließlich sind wir alle auf dem Weg in die Gruft. Grübeln wir uns darüber nicht zu Tode, denn über unser Grab wächst Gras. Wenn es schon Menschen gelingt, verfaulte Komposthaufen zu beleben, wird Gott es wohl auch schaffen, tote Kompostis und Verwestis zum Leben zu erwecken! Darum kann ich, getrost darüber lachen, wenn mich so ein junger Sponti Kalkleisten oder Grufti nennt.

# Darüber spricht man nicht

Darüber spricht man nicht, sagte meine Mutter streng, als ich sie zaghaft fragte, wie das denn sei. Mein scheuer Vater hätte wohl noch mehr Scham empfunden, über so eine Schweinerei zu reden. Was im Schlafzimmer meiner Eltern geschah, blieb im Dunkel. In unserem Wohnzimmer hing das Bild mit dem göttlichen Auge im Dreieck: Ein Auge ist's, das alles sieht – auch was in finst'rer Nacht geschieht. Das Bild habe ich immer noch im Kopf.

Heutzutage sehen die Kinder im Fernsehen weit mehr als alles, was sich im dunklen elterlichen Schlafzimmer abspielt. Und in Talk-Shows kommt laufend das zur Sprache, worüber viele Eltern mit ihren Kindern immer noch nicht sprechen (können). Es ist fraglich, ob diese öffentlichen Gespräche uns helfen, offener über unsere eigene Sexualität zu reden. Auf jeden Fall haben wir immer noch kein schönes Wort für das Schönste auf der Welt.

Wir sprechen vom Geschlechtsverkehr. Was immer Geschlecht bedeuten mag, es ist kein gutes Wort. Denn in Ge-schlecht steckt – zumindest vom Wortlaut her – schlecht. Da ist die Sünde ganz nah. Doch wie heißt es: Kann denn Liebe Sünde sein?

In meiner Muttersprache heißt Geschlecht: Geschlacht … Ich sehe Schlachter, Fleischer, Metzger, die das Fleisch zerlegen und zerhacken. Da ist es aus mit der Fleischeslust.

Und dann noch dieser Verkehr. Da fährst du den ganzen Tag mit öffentlichen Verkehrsmitteln, und abends sollst du daheim intim verkehren. Auch wenn du stundenlang mit dem Auto unterwegs bist, hast du den ganzen Verkehr einfach satt. So bleibt bei dir und deinem Partner am Ende oft das Gefühl zurück, nicht richtig miteinander verkehrt zu haben. Oder ist der Verkehr nur dann verkehrt, wenn er ohne Liebe abläuft? Wie auch immer: Geschlechtsverkehr ist ein Unwort, das aus dem Verkehr gezogen werden soll.

Liebesakt ist auch so ein Wort. Ja, es kann durchaus ein Akt der Nächstenliebe sein… Akt erinnert mich an Theater. Wenn dort der Vorhang fällt, weiß ich manchmal auch nicht, ob es ein Lustspiel oder ein Trauerspiel war.

Manche reden von Liebesvereinigung. Bei diesem Wort muß ich gleich an meinen Sportverein denken. Und dann wird's nichts mit der Liebesvereinigung. Dieser Verein hat nur Mitglieder mit Glied. Wir Männer machen oft Witze über das, worüber man nicht spricht.

Manche sagen: es miteinander treiben – und sehen nicht, wie sie getrieben werden.

Andere nennen es: miteinander ins Bett gehen. Das sagen sie so, wie sie miteinander ins Kino oder auf den Flohmarkt gehen. Manche gehen miteinander nicht ins Bett, und es geht auch. Andere gehen miteinander spazieren und kommen sich viel näher als im Bett.

Und dann ist da noch: eine Nummer machen. Oder wie die Franzosen sagen: faire l'amour. Aber wir können die Liebe nicht machen, ebensowenig wie wir ein Kind machen können. Apropos Nummer: Du hast eine Telefonnummer, eine Faxnummer, eine Autonummer, eine Kontonummer, eine Geheimnummer … und dann abends noch eine Nummer. Nein, danke! Zum Schluß bist du nur noch eine Nummer.

Ach ja: miteinander schlafen. Wieso eigentlich schlafen? Du legst dich doch nicht zu deiner Frau hin, um mit ihr zu schlafen. Manchmal bist du zwar so müde, daß du lieber schlafen möchtest, aber das kannst du deiner besseren Hälfte doch nicht antun. Wenn zwei Menschen miteinander schlafen, ist das der Anfang vom Ende. Sie ent-schlafen, sterben in den Armen des anderen, wie auch die Bibel schon weiß: Gewaltig wie der Tod ist die Liebe. Und im Orient fordert die Frau den Mann während des Liebesspiels auf: Töte mich. Auch der Mann sagt auf dem Höhepunkt der Lust: Ich sterbe.

Inzwischen bin auch ich schon viele Tode gestorben. Und immer noch bin ich auf der Suche nach einem Wort, das sagt, worüber man nicht spricht.

# Gute Nacht

Gute Nacht, sage ich zu meiner Frau. Bonne nuit, sagt sie, und fast schon schlafe ich, denn mit dem Einschlafen habe ich keine Probleme. Mitten in der Nacht aber wache ich oft auf, ohne zu wissen, warum. Irgend etwas ist da, das mich nicht mehr schlafen läßt. Manchmal sind es Bilder der Tagesschau, die mich wach werden lassen und aus allen Träumen reißen. Ein anderes Mal ist es ein böser Traum, der mich erschreckt und mir furchtbare Angst einjagt. Oft träume ich von einem Hund, der mich verfolgt. Ich habe große Angst vor Hunden, doch sie könnten mich doch wenigstens nachts in Ruhe lassen. Oder habe ich unbewußt einen armen Hund im Keller eingesperrt, der nachts ausbricht, um mich zu beißen? Oder ist es das Knirschen meiner Zähne, das schlafende Hunde weckt?

Bisweilen ist es nur eine Mücke, die mich nicht in Ruhe läßt. Ich will nicht angeben, aber Mücken mögen mich. Irgendetwas muß ich an mir oder in mir haben, das die kleinen Biester so anzieht. Sie könnten auch mal zu meiner Frau gehen, aber die interessiert sie nicht. Nein, sie kommen immer nur zu mir und summen mich in den Schlaf. Ich mag Tiere, aber ich muß ehrlich gestehen, daß ich schon manch eine Mücke umbrachte, die mich um den Schlaf gebracht hat. Das tat mir dann anschließend so leid, daß ich erst recht nicht schlafen konnte. Wie oft beneide ich meine Frau, die sich weder von Mücken noch Hunden aus der Ruhe bringen läßt. Sie schläft und schläft und schnarcht auch nicht schlecht. Manchmal spricht sie im Traum mit mir: Muß es sein? Nein, ich will nicht. Mach' du die Kehrwoche. Ein anderes Mal läßt sie mich links liegen und sagt: Komm, Hannes, komm. Dann erzählt sie Dinge, die ich hier lieber nicht verraten möchte. Und ab und zu lacht sie auch noch, was ich gar nicht lustig finde.

Wenn ich dann so hellwach daliege, kommt mir zuweilen der Spruch in den Sinn: Gott liebt die Menschen nicht, die nicht schlafen. Mein Gott, ich würde auch liebend gern schlafen, aber ich kann nicht. Und wenn ich daran denke, was am nächsten Tag alles auf mich zukommt, sage ich mir: Du mußt jetzt schlafen. Doch so geht es erst recht nicht. Dann drehe ich mich um, lege mich auf die andere Seite, aber auch das bringt nichts. Schließlich lege ich mich wieder auf den Bauch, meine bevorzugte Lage. So lag ich schon im Leib meiner Mutter, und damals hatte ich noch einen ganz ruhigen Schlaf, obwohl es mitten im Krieg war.

Ich nehme keine Schlaftabletten, doch habe ich auch so ein paar kleine Schlaf-Mittelchen. So bete ich zum Beispiel ganz langsam das Vaterunser, obwohl das Gebet des Herrn nicht zum Einschlafen ist. Oder ich denke an etwas ganz Angenehmes, aber dann denke ich wieder, solange ich nachdenke, kann ich nicht schlafen. Ein anderes Mal sage ich mir: Jetzt schlafe ich. Aber das kann ich doch gar nicht sagen. Manchmal beschäftigt mich der Satz: Gott gibt es den Seinen im Schlaf. Gibt er ihnen die 6 richtigen Lottozahlen im Schlaf ein? Oder sind das die Seinen, die ihr Geld im Schlaf verdienen?

Vielleicht kann ich nicht durchschlafen, weil ich auch nachts Menschen nahe bin, die nicht (ein)schlafen können. Sie haben Angst, am Morgen nicht mehr aufzuwachen. Manche Aidskranke befürchten, daß es drüben ein böses Erwachen gibt. Andere haben gar keine Angst vor dem Entschlafen, denn sie leben in der Gewißheit, daß der Tod der große Bruder des Schlafes ist und er sie für immer schlafen läßt.

Die Kunst des Sterbens und die Kunst des Schlafens ist das Loslassen, das Sich-fallen-Lassen. Das fällt mir schwer. Mein Herz hängt auch nachts noch an so vielen Dingen. Manchmal hänge ich dem einen oder anderen Satz nach, der mich nicht los läßt. Auch kann ich mich nicht von dem Gedanken lösen, daß ich trotz so mancher schlafloser Nacht eigentlich (zu)viel schlafe. Ich habe insgesamt mindestens 15 Jahre meines Lebens geschlafen und wieviel Zeit verschlafen? Und wenn ich dann entschlafen sein werde, komme auch ich endlich zur Ruhe. Aber bis dahin kann ich ruhig noch ein bißchen unruhig sein und nachts einen Text wie diesen schreiben, in der Hoffnung, daß Sie, liebe Leserin und lieber Leser, nicht dabei einschlafen.

Inzwischen ist es bald vier Uhr morgens. In ein paar Stunden muß ich aufstehen. Also: Gute Nacht!